「道」やりませんか⁉

空手道豊空会 始祖師範
田部井 淳
Jun Tamegai

文芸社

はじめに

私は空手でできています。現在の〝私〟はすべて、空手から頂いたものです。10歳の時に空手を始めてからというもの、空手は私にすべてのことを与え続けてくれました。

裏切られたことは一度もありません。

努力したら努力した分だけ、期待に応え続けてくれました。

私は、生まれこそ愛知県豊橋市ですが、すぐに東京に引っ越し、小学2年生になるまでは東京で育ちました。

もしも、その後も東京で暮らしていたら、私の人生は全然違ったものになっていたかもしれません。

それまで何不自由なく、すくすくと幸せに暮らしてきた私に転機が訪れました。

父親の故郷である愛知県豊橋市へ転住することになったのです。

それからの私を取り巻く環境は一変し、私の心身には、自分でも気付かないうちに過度な負荷がかかり続けていました。

複雑になってしまった家庭事情、家族が抱えた数々の問題、転校の影響から生じた人間関係の破綻……それらのものが、幼い私に一気に降りかかりました。

つぶれそうになる自分の心身を日々感じながら、なんとか持ちこたえていた私に、

〝天〟はある日突然、〝空手〟という1本の命綱を投げてくれました。

〝強くなりたい！〟

自分の心の奥底にあった魂の叫びは、〝天〟からのその1本の命綱を見逃しませんでした。

それからの私は、その1本の命綱を、必死に、すがるように、登り続けてきました。

地元の空手道場への入門を皮切りに、東京での修行、空手道豊空会《ほうくうかい》発足と、紆余曲折を経ながらも空手一筋で、必死に生きてきました。

競技としての空手、武術としての空手など様々な空手を修得していく中で、自分な

りの〝武道〟としての空手のあり方を模索するようになりました。

そして、そんな自分の理想の〝武道・空手〟を探求し、広く皆さんに役に立てられるジャンルとして確立していきたいという思いから、1995年に「空手道豊空会」という団体を発足させました。

空手という命綱は、何もなかった私に、たくさんのものを与えてくれました。

自信、夢、希望、そして役割。

そんな空手に感謝をこめて、少しでも恩返しをしたい、役に立つようなことがしたいという思いで活動を重ねている中、今回の出版のお話を頂きました。

本書を読んで頂き、〝武道・空手〟の素晴らしさを多くの方々に理解して頂ければと願っております。

素晴らしい功績を残されている先生、諸先輩方が数多くいらっしゃる中で、私のような若輩者が身の縮むような思いではありますが、この本をきっかけに、一人でも多くの方々に、〝武道〟としての空手に興味を持って頂けたら無上の喜びです。

目　次

「道」やりませんか!?

自分について

私と空手との出会いは10歳の時でした。

厳しい躾《しつけ》を施してくれた祖父が他界し、両親は複雑な事情により共働きで、夜遅くまで働いて大変な苦労をしていた時期でした。家の中はいつも深刻なトラブルに見舞われていました。

ほぼ祖父母に育てられていたこの時期の私は、コンプレックスの塊でした。様々なプレッシャーの真っ只中にいました。

家も、学校も、嫌いでした。

そして、何をやっても冴えない自分が一番嫌いでした。

野球が上手な子、サッカーが上手な子、勉強ができる子、女の子に人気がある子、みんなうらやましかった。同時に、うらやんでいる自分が格好悪く思えていました。

そんな自分が、また、嫌いでした。

（俺には何もない。俺は……俺が嫌いだ……）

そう思っていました。

とにかく自信がない。自分を信じられない。

当たり前です。自分を信じられる根拠となるものが何もないのですから。

そんな自分でしたから、夢や希望など持てるはずもなく、自分自身や周囲への漠然とした不満や不安を蓄積させていました。

だからといって、そのことを覆すように〝何か〟に猛然と努力するかというと、そうでもなく、俺なんてこんなもんだろうと、どこかであきらめ、逃げていたような気がします。

「そういう星の下に生まれた」という表現がありますが、自分の上には輝かしい〝星〟はないんだと思っていました。

何をやっても冴えない。何に対しても本気になって向かう気になれない。

しかし、心の奥底には得体の知れない〝何か〟がマグマのように溜まってきていました。

(俺はどうなりたいんだろう……)

そんな思いが飽和状態になった時、ある事件が起きました。

信じていた友達の裏切りです。これには小学生ながら堪えました。いや、幼かったからこそ堪えたんだと思います。

その日から、私の心は〝孤独〟になりました。

(人は、どうして人を裏切るのだろう……)

くる日もくる日もその答えを探していました。

自分も含めて、どうして人は良くないことをしてしまうのだろう。

俺は、何故自分が嫌いなんだろう。

俺は、どうなりたいんだろう。

俺は、何が欲しいんだろう。

俺は、どうしたらこの苦しみから抜け出せるんだろう。

俺は、どうしたら自分に納得できるんだろう。

毎日、毎日、そんなことばかりを考えて過ごしていました。

そして、そんな自分に一大転機が訪れるのです。

空手家の大山倍達《おおやままずたつ》先生をモデルにした伝記マンガ『空手バカ一代』との出会いです。友人に誘われて行った書道教室に置いてあった少年マンガ雑誌に連載されていたのです。神の手マス・オーヤマのその物語は、私にとってはまさに〝神の一撃〟でした。

「この男は実在する！」という衝撃的な言葉で始まるストーリーを、私はむさぼるように夢中で読みました。

「自分を甘やかすな！　強くなれ！　男なら強くなれ！」

という、大山倍達先生の強烈なメッセージは、破裂寸前だった私の心の奥底に溜まっていたマグマを一気に噴き出させたのです。

（そうか！　俺は〝強く〟なりたかったんだ！　自分が嫌いなのも、なりたい自分になれないのも、自分に納得できないのも、欲しいものが手に入らないのも、すべて自分の〝弱さ〟がもたらしているんだ！　強くなりたい！　大山倍達先生のように強くて優しい、どんなことにも真っ直ぐに強く立ち向かっていけるような強い男になりたい！）

自分をずっと苦しめていた、胸の奥につかえていた、様々な思いが一気に溶け出し、涙がとめどもなくあふれていました。

すぐに、近所にあった〝伝統派〟と呼ばれる大きな空手流派の道場の門を叩き、空手〝道〟をまっしぐらに走り始めました。そして、高校生の時には県大会で優勝できるまでに育てて頂きました。

順風満帆に行くと思われた私の空手人生でしたが、18歳の時、大きな挫折を迎えます。そのせいで目標を失い、失意の日々を過ごしていた私は、母方の伯父が懇意にしていた、当時日本を代表するアクション俳優が主宰していた団体に入団しました。その団体で、私は〝空手映画〟を撮りたかったのです。

入学したばかりの大学を中退して、東京へ向かいました。

そうして新たなる〝目標〟に向けてまっしぐらに頑張りましたが、残念ながらそこにも私の〝道〟はありませんでした。

再び挫折を味わった私は、悩み、考えた末、心機一転、再び空手本来の道を歩む決心をしました。

幼少の頃からの憧れである大山倍達先生の極真空手を学び、競技の経験も積ませて頂きました。

その後、自分自身が目指す境地へつながる〝道〟としての空手、生涯上達し続けることのできる身心操法、原理、技法を求め、さすらう日々を送る中で、空手着メーカー勤務時に出会った〝達人〟の先生方、武道ひいては運動そのものを科学的アプローチで教えてくださる様々な先生方にご教示頂きました。

そんな日々の中で得た経験・技法・知識等を土台に、自らの身心を実験台にして、ひたすら稽古・研究・研鑽の日々に身を投じました。

〝人〟としての上達とは何か。

ずっと上達し続けられる〝道〟とは。

いつしか、そんな自らの欲求に応えられるような武道・空手の体系創りをしたいと思うようになりました。

31歳の時に帰郷した私は、その思いを実現すべく、「空手道豊空会」という道場を立ち上げました。

〝身心開発法〟としての武道・空手の体系を確立し、〝道〟としての目的と方法を損なわずに普及させたい。

〝道〟としての空手を稽古することによって、真の意味で老若男女誰でも有益なものが得られ、生涯上達をしていける武道・空手のあり方、役立て方を確立させたい。

この2つの思いを胸に、今までも、そしてこれからも、走り続けていこうと思っています。

武道の役割・日本の役割

〝武道は、日本発の世界に誇れる世界最高の文化である〟

これは、10歳の時から空手という武道を40年以上やってきた私の持論です。

政治・経済・軍事などの現在の日本を取り巻く状況を見ても、日本には世界と渡り合うのに有効な〝援護射撃〟が必要です。私は、それができるのは〝伝統文化〟であると思っています。そして、その中の一つが〝武道〟だと信じています。

世の中が便利になって、それと反比例するように置き去りになっていくのは、〝身体〟と〝心〟ではないでしょうか。

このことは、他の国々についても当てはまる事柄だと思います。

武道は身体運動文化であり、かつ精神文化でもあります。

世界各国の文化に目を向けてもみても、身体運動はスポーツが、精神は宗教・哲学・思想が主に分担してその役割を果たしており、身体と心、すなわち〝身心〟を統合して開発することができる文化はめったに存在していません。日本の文化、とりわけ武〝道〟は、それを実現し得る、世界でも稀有で誇るべき文化なのです。

かつて、日本には宝がたくさんありました。「東洋の文化」と言われるものです。しかし、明治維新を経て、第二次世界大戦に加わり敗戦国となった日本は、一気に西洋文化で埋め尽くされてしまいました。

諸外国の文化から〝頂く〟ばかり。それでは、フェアな立場ではいられません。日本の素晴らしい文化をもっと世界に出さなければなりません。

日本には資源がないから、出すものなどないと思われがちですが、〝物質〟ばかりが資源ではありません。日本が受け継いできた伝統文化、とりわけ〝身心文化〟こそ、日本の重要な資源なのです。

昔の日本人は、身体が資源であることを認識していました。日本の国土は狭いですが、この狭い国で、身心操法は他国の影響を受けず、素晴らしい高さまで熟成されました。その〝資源〟を活かし、日本人は世界中から尊敬されていました。

そんな日本人が、現代社会においては自らのアイデンティティーをなくし、誇りをなくした国民となりつつあります。

武道をはじめ、日本の独特の文化である〝道〟というものは、〝特定の何か〟を信じなさいという具体的対象物がないので、対立概念が生まれません。ですから、クリスマスを祝ったり、神式・仏式入り混じった結婚式を挙げたり、年の始めには神社を拝み、最後に仏式でお墓に入るように、一見矛盾したことが成り立つのも、〝道〟という概念があればこそと言えると思います。

そして、その〝道〟、つまり武〝道〟には、ただ単に考え方や概念があるだけでなく、とても深い方法や技術があります。

さらに言えば〝第六感〟のような、五感覚の上の感覚を磨くこともできます。それがいわゆる他の〝修行〟と呼ばれる体系との共通の目的でもあるのです。それは、より深く、より高く、より大きく進化することでもあります。

今現在、世界中で起きている様々な問題のほとんどは、「〝相手〟よりも少しでもいい条件を」とか「〝相手〟より〝自分〟の方が絶対正しい」という対立概念から起きています。

これらは外に向かっての価値観で、ほとんどの争いがこの価値観に規定され、政治や経済もこれらの問題を助長するものとなっています。

このような現代社会だからこそ〝道〟が必要なのです。

単なる思想でもなく、宗教でもない、具体的な方法論を持って人間の身心、外面と内面にアクセスできる日本伝統文化である武道の〝道〟を、世界に広める必要があると思います。外側のことのみに偏って何かを追い求める価値観ではなく、自身の向上や進化など、内側に対する欲求を求める価値観を形成することで、対立概念の争いを少しでもなくすことができるのではないでしょうか。もちろん、途方もなく難しいことではあると思いますが、武道には、その可能性が秘められていると思います。

先達の武道家の方々は、武道を世界に広めてくださいました。

私は皆さんとともに、これからの武道をより普遍性のあるものに進化・発展させ、世界中の人々の需要に足る、日本発世界最高の文化にしていきたいと切に願っています。

いよいよ武道の出番です

学力が低下していると言われて久しい日本。〝ゆとり教育〟が実施されたかと思えば、それが学力の低下を招いているのではないかということから、真逆の教育方針が打ち出されたりしていますが、一向に改善される兆候がないそうです。

ところで、人間を人間たらしめている脳の場所を前頭前野と言うそうです。最新の脳科学の検知では、精神活動や、いわゆる徳育・モラルというものは、人間にしか発達していないもので、それを支えているのが、前頭前野だそうです。その部分が鍛えられてくると、実は、〝集中力〟や〝やる気〟〝モチベーション〟といったものが活性化されるのだそうです。

当然ですが、前頭前野が発達していない他の動物には、〝やる気〟や〝モチベーション〟といったものはありません。つまり、より良い自分になる向上心があったり、もっと勉強して知識を増やしたいと思ったりすることは、人間らしい精神活動なのです。

ところが、このところの教育の中に、この前頭前野を発達させるような教育が失われつつあります。例えば、道徳の授業。これは〝道徳〟という〝徳〟の〝道〟を説くことで、前頭前野を発達させようとするものです。しかし今は、道徳の時間がなくなってきています（※2018年から、小中学校で「特別の教科」として再び道徳が導入されるそうで期待したいところです）。そのため、「学校の勉強がわからない。どこがわからないのかもわからない」という子供たちが増えてきているそうです。

実は、〝作法〟というものは、本当は、〝それ〟を作る、すなわち前頭前野を発達させる方法なのです。

人間らしさをつかさどっている前頭前野が活性化する大きな一つの要素に、〝姿勢を正す〟ということがあるそうです。

〝道徳〟は、まず姿勢から入ります。そして、武道ももちろん、すべての日本の文化は、きちんと正座をしたり、真っ直ぐ立ったり、正しくお辞儀をしたりという動作から入ります。一見堅苦しい儀式のようですが、この〝作法〟で実は〝徳育〟を行っていたのです。

こうした〝作法〟が、自然と前頭前野を活性化し、〝やる気〟や〝モチベーション〟といった、人間らしい精神活動を支えていました。

自分の身体を支えることや、きちんと立っていること、つまり〝姿勢を正す〟ことが人間らしさを形成していて、学習意欲やモチベーション、集中力などにつながっているということが、近年、科学の分野で証明されたという発表を目にしたことがあります。しかし、科学では証明はできても、どうやって正しい姿勢をつくり、保つかの方法がありません。ですが日本の作法、ひいては、武道にはそのトレーニング方法が千年近くも前から構築されてきています。

常に、自分の姿勢を正しく、理に適ったものにすることで、より良い、無駄のない動きになることを稽古し、姿勢を保つことで威力を生む練習を重ねる武道は、まさに

〝姿勢〞道と言えます。

そこで養われた能力は、単に戦う時のためにだけ発動されるものではなく、日常的に役に立つ身体運動です。

その身体運動の稽古が、人間らしさを保つことにもつながり、向上心にもつながっているのです。

人間の進化につながる身体運動が失われつつある現代だからこそ、武道の出番です。

空手道豊空会では〝ごしん〞という概念を大切にしています。

〝ごしん〞には〝護身〞と〝護心〞、すなわち身を護《まも》るということと心を護るということの2つの意味が込められています。

暴力と言っても様々で、具体的・実際的な暴力もありますが、心の部分に及ぶことも多いと思います。その時に、〝心〞も護れる強さがないと、本当の〝ごしん〞にはなりません。

少し広い範囲のことに置き換えて考えると、今、問題となっている諸外国との関係は、日本国内で抱えている問題と相似の関係にあると思います。

そんな時代の中での武道が果たせる役割はたくさんあります。

武道は、日本のオリジナルの文化です。

2008年に、「カラテSUPERライヴ」というイベントをフィンランドで開催した時も、〝日本＝武道〟とイメージする方々が非常に多くいらっしゃると感じました。そして、そこには〝日本の精神性〟への尊敬の念もたくさんありました。

「尊敬する人に、攻撃を仕掛けることはない」というのは、人として正常な心理であり、希望です。

日本伝統文化の武道を日本人が大切にして、身も心も護れるように、尊敬される日本人になれるように、武道・空手は、日本をあらゆる面でサポートできる、素晴らしい文化です。

今こそ、いよいよ武道の出番です！

「文化」と「分化」、「精神文化」と「運動文化」

人間らしさとはどういうものでしょうか。

いい家に住み、いいものを食べ、いい服を着ること、それらはもちろん大変便利で魅力的な事柄ではありますが、人間が生きるということの本質を考えた時、決して〝目的〟ではあり得ないということを、私たちは直感しているのではないでしょうか。

〝衣食住〟は、野生の動物でも最低限、確保しています。生命を維持するために食べて、〝巣〟を作り、毛皮や羽をまとっています。

しかし、二足直立歩行運動により進化した人間は、そうした野生の動物以上の存在になろうとして文化を生み出しました。

〝文化〟は、人間を進化させ、動物から〝分化〟させるものです。おそらく、人間には〝進化をするべきだ〟という遺伝子情報が搭載されているのではないのでしょうか。

では、文化とは何でしょう。文化とは、衣食住の目的とは別の〝目的〟、すなわち、皆さんの身心の能力を高め、人生を豊かにしていくための行為とその体系なのです。〝文化〟と〝進化〟の間にあるものは〝豊かさ〟なのです。

そして、日本のように、運動文化と精神文化の両方の目的が高い次元で重なっている文化は、世界中探しても非常に稀です。

先にも述べましたが、他国では精神文化はほとんど宗教が担っており、運動文化はスポーツが担っています。音楽や芸術等の文化は、もちろん身体は動かしますが、健康増進や身体強化の役割を果たす〝運動文化〟とは言い難いのではないのでしょうか。

一方、武道の特殊性は、精神文化であり運動文化でもあることです。

運動文化としては、〝戦い〟という厳しい条件の中で、自分の身心をコントロールする能力を高め、それを〝生きる〟ということすべてに活かせるよう極めていくことを目的とします。そこに、武道ならではの特異性と秀逸性があります。

さらに、昔日は命が懸かるという最高に厳しい条件下にて発達してきたからこその、意識を極める、つまり〝極意〟というものが形成されてきました。

〝極意〟とは決して〝コツ〟のような単純なものではなく、何度も何度も自分の身体を意識して感覚化したものです。この〝極意〟が形成されることによって、高い身心のコントロール能力が発現されるのです。

いい身心操法は必ず〝理〟に適っています。〝理〟に適った動きは、身体に〝無理〟がなく、健康にももちろん適った動きになっています。身体が健康だと、心も健康になってきます。

そして、〝戦い〟という人間の最も欠点である部分が出やすい場面で、いかに身心をコントロールすることができるかというところに、武道の精神文化としての高さがうかがわれるのです。

智・情・強・観

智……物事を広く深く知り、感じること
情……愛情、情熱、優しさ、すなわち心を育むこと
強……身心ともに強くなり、意志力を強化すること
観……大所高所から物事の本質を捉えることができる感覚を育むこと

これらは、〝人〟として成長する方向性の指針にすべき四大要素だと思っています。

そして、これらのことを身に付けるには、文字通り、身体と密接な関連性を持って取り組むことが必要なのです。そこに、人間という存在の驚くべき奥深さと、まだまだまったく解明できない不思議さがあると言えるのです。

そして、〝人〟として成長する方向性の指針にすべきこの四大要素は、それぞれ身

体の各部分に対応しています。

智は頭部、

情は胸部、

強は腹部、

観は正中線の奥、つまり身体の真ん中を貫く体軸（正中軸）です。

このことは、各部分にある臓器との対応を見ても、興味深い整合性を見取ることができます。

頭部には脳が、胸部には心臓が、腹部には胃・肝臓・腸があります。

智性は当然、脳がつかさどっていますし、心臓は〝心〟の〝臓〟器と書きます。

そして、強さに関連付けられる言葉として、古来〝腹ごしらえ〟〝胆《きも》が据わる〟〝肚《はら》が据わる〟があります。〝腹ごしらえ〟の〝腹〟は胃を示し、〝胆が据わる〟の〝胆〟は肝臓、〝肚が据わる〟の〝肚〟は腸に当たります。

武道とは、身体のそれらの箇所を特別に意識して、〝身体づくり〟をしていくメソッドでもあります。
〝人〟として成長＝進化していくための体系、それが〝道〟としての武道なのです。

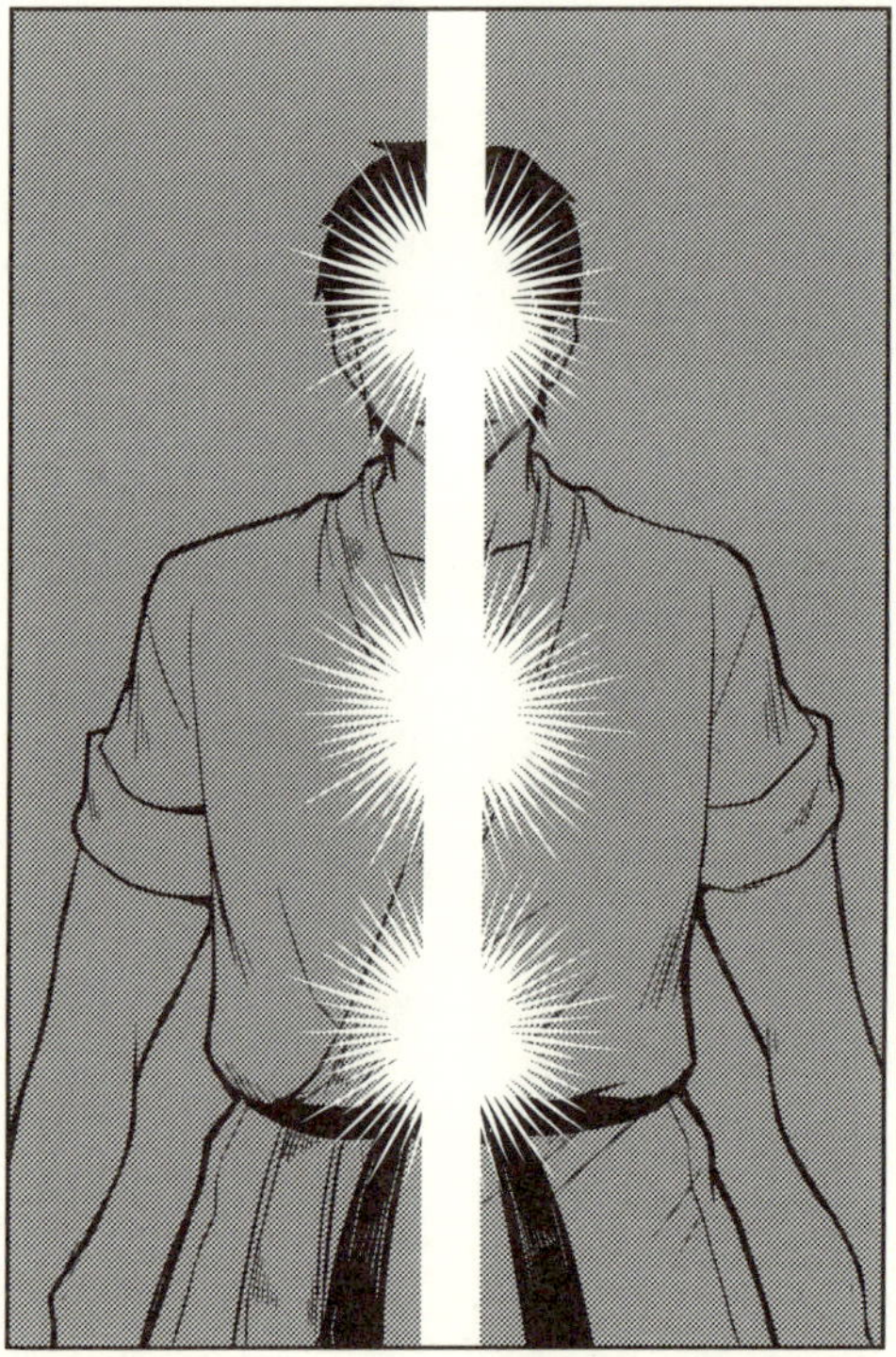

〝道〟というジャンル

武道・書道・茶道・華道など、日本には〝道〟というジャンルがあります。

日本の古来の信仰である神道《しんとう》も、〝教〟ではなく〝道〟と書きます。

〝道〟とは今風に言うと〝SYSTEM〟となるでしょう。


〝道〟というジャンルには、いずれも形・型があります。

その形・型に自らの身心、動作や意識をはめることによって、古《いにしえ》の人々が持っていた、自然界の様々なものとつながる感覚や能力を転写することができる。それが〝道〟というジャンルの優秀性であり、〝道〟が有する形・型の本来の役割です。

自然界には様々な法則＝理が働いています。

武道で言いますと、まずは物理という法則を身心で感じ取ることから始めます。

重力をはじめとする、身体にかかる様々な物理的法則、そして心理、その先の真理という法則に向け、身心の感受性をとことん突き詰めていきます。

「身をもって理解する」という言葉通り、身体で理＝様々な法則をキャッチし、様々なことに気付いていく。それが、ひいては個人の成長・進化につながっていくのです。

身体は受信装置

一つの周波数しか受信できず、しかもチューニングの悪いラジオ。

よりたくさんの周波数を受信でき、しかもよりクリアにチューニングできるラジオ。

どちらがよりたくさんの情報をキャッチできるでしょうか？

現代の社会では、視覚・聴覚に偏った伝達方法で、情報を取得しています。すなわち、目で見、耳で聴いて受け取った情報を蓄積していく、あるいは周囲に伝達していく……。

もちろんそれは日常生活を送る大前提として必要なのですが、人類が生み出して育むべき文化を伝達するには、それだけでは伝わらない領域がたくさんあるのです。

東洋、とりわけ日本の〝道〟という文化には〝作法〟〝形・型〟が存在します。文字や言語だけでなく、五感をフルに使い、身体の感覚を研ぎ澄ませ、〝作法〟〝形・

型〟を媒介として、重要な智恵の情報伝達を行ってきたのです。

すなわち、身体は視覚・聴覚だけでは伝わり切らない感覚情報の受信装置であり、あらゆる〝修行〟は、受信装置の開発だというのが私の考えです。

しかし、〝作法〟や〝形・型〟は、その本質を解析し、理解しなければ、やはり活かすことができません。身体を媒介として情報伝達を行う〝道〟の文化と、論理的に情報を解析する科学的な研究の融合が、21世紀以降、武道が本来の役割を果たすために必要であり、また、この融合に取り組むこと自体も、武道が果たし得る役割なのではないかと思っています。

型

空手の型は、一見、そのままでは使いようがないように見えます。

型は、動きの原理となる身体の感覚を、単独稽古で極限にまで高めていくことに根本の目的があります。動きの原理とは、次項で解説します「体幹操」「出力制御」「分立統合」のことです。

日本古来の作法も、同様の効果を日常で皆が修得できるように編まれた〝型〟と言えます。

そうして、動きの本質的原理を修得することで、物事の本質を捉えられる感覚も養われてきます。

例えば桜の花を見ても、その元である「根」を観賞することはありません。しかし、実際には「根」があり、「幹」があり「枝」があり、そして「花」があります。「花」

があるのはりっぱな「根」があるからだと、感覚として捉えられることが、物事の本質を捉えるということです。

「型」がわかって、動きの本質がわかれば、手足の動きや具体的な技といった華やかな部分は、「花」の部分であることがわかるでしょう。そして「花」の部分は、その部分が単独で成り立つことはありません。「根」の部分である出力制御、「幹」に当たる体幹操、「枝」に当たる分立統合などがあるからこそ、「花」が成り立つのだということが観えてくると思います。

こうして〝型〟で、本質を捉える感覚が養われると、様々な物事を考える際にも、「花」の部分は、本質の「根」は、と応用させた見方ができるようになります。〝型〟を稽古することによって、「花」の部分のみに惑わされることなく、物事の本質を感じ取る感性を養えるところに、日本の伝統文化の素晴らしさの一端があるのだと確信しております。

そして、〝型〟＝〝作法〟のもう一つの大きな効果、効用、それは〝心〟の動きの原理をも修得できるということです。

例えば、姿勢を正しくして「悪態」をつけと言っても、難しいものです。試しにやって頂くとわかると思いますが、背筋を真っ直ぐ、頭も真っ直ぐにして態度や言葉を悪くすることは難しく、どこかハキハキとなってしまいます。

このように姿勢と心のあり様は、かなりリンクしています。

「身」を「美しく」と書いて「躾《しつけ》」と読みます。

ですから、まず、「身」を「美しく」することによって、「中身（心）」を整えることができる、つまり〝作法〟とは、日本の昔からの智恵の集合体なのです。

子供たちに日本の伝統の〝作法〟の本当の意味を伝え、日本の文化が持っていた本当の〝内容〟を伝えるのに、まさに武道はうってつけなのです。

なお、作法とは「マナー」とは少し違って、「作る方法」です。では何を作るのかというと「美しい所作や動作」、そして、その奥の「美しい考えや心」です。

　こうして、所作・動作から整えていけば、自然と心も整えられていきます。古来、日本に伝わる〝作法〟＝〝型〟はこんな時代の日本にとても大きな役割を果たすことのできる優れた転写装置と言えるでしょう。

「〝型〟にはまる」ということは、悪いことのように言われていますが、理＝法則に適った〝型〟にはまれば、〝心〟も理＝法則に適ったものに成り得るのです。

　ただ、見てくれの良さや、決まっているから、昔からやっているからなどという曖昧な論理や精神論のみに頼らず、きちんとその〝効果〟を、より科学的な見地からも検証し示す。そうすることで、日本文化の所作動作が脳や身体に物理的にも心理的にも、そしてその奥にある真理的にも適っていて、身心に様々な良い影響を与えることができるのです。

　そんな日本の文化が育んだ〝作法〟を、今こそ大切にしましょう。そして〝型〟＝〝作法〟は素晴らしい文化だということを、世界に発信していくべきだと切に思います。

体幹操・出力制御・分立統合

前項でもお話ししましたが、武道・空手において、まず修得する感覚は「体幹操」「出力制御」「分立統合」だと考えています。私の主宰する空手道豊空会では、動きが良くなる三大原理として、次のことを導き出しました。

体幹操　……体幹部を開発するとともに、上手に使い、運び、動かせること。重心の操作等

出力制御……最適な力の抜き方、入れ方ができること。引力と釣り合い、身体の〝重さ〟を上手に使える身体の出力状態をコントロールできる能力をつけること

分立統合……目的に応じて、身体の様々なパートを自分の意思通りにバラバラに複雑・多様に動かせること

長年、〝道〟というジャンルの〝作法〟ひいては〝形・型〟というものを研究、検証してきた結果、〝形・型〟には、具体的動き一つ一つにも多重に秘められた意味があり、それらは単純に〝応用させる〟という言葉では表現ができないほど、とてつもなく深いことがたくさんこめられていることは間違いありません。

しかしながら、具体的能力・技法の奥にある、もっと根本的、本質的能力・技法の修得こそが、〝道〟がまず最も〝形・型〟で転写させたかったことではないかと考察しています。

ですから、武道では具体技の奥にある〝良い動き〟を修得した者が、より上達した身心を手に入れられるのでしょう。

しかし、そういう意味では、先程挙げた動きが良くなる三大原理ですら、さらにその奥にあるたくさんの修得課題を考えれば、随分〝具体〟寄りのものだと言えます。

私は武道のことしか稽古・研究していませんが、おそらく、他の〝道〟や〝修行〟における〝形・型〟〝修行法〟〝ワーク〟も、具体ではなく、より本質的な感覚を修得するために編み出されたものではないでしょうか。

禅や瞑想などは、その最たるもので、〝具体的動き〟はほとんどありません。ヨガや気功等も動きこそあるものの、修得するものは、ヨガではチャクラ（エネルギーの通り道のステーション）の開発であったり、気功では経絡・経穴（〝気〟の通り道や出入り口）の開発であったり、やはり、いずれも体幹部の開発や、じっと静止していることでの、もしくは広い意味での〝出力制御〟が重要なキーポイントになっていること、そして、その修得する目的が具体的なものではなく、より本質的なものであるということが、〝形・型〟文化の特徴であるように思われます。

武道の他、日本の〝道〟文化である書道、茶道、華道なども同様に、各々〝具体〟は違えども、その修得すべき〝本質〟的能力は、同じ方向に向かっているのではないでしょうか。

自然の法則、力を感じ、それに沿う能力を修得することによって、自分はどうあるべきかを自ずと学び、人の成長・進化を促し、自然の法則性を感じれば感じるほど、人が〝神〟や〝仏〟と表現してきたものの存在や力を感じる。そこから自分の生き方を導き出していける……。そんな壮大なロマンある役割を果たせる可能性が、武道、ひいては〝道〟というジャンルにはあると思うのです。

姿勢〝道〟

武道、書道、茶道、華道等の〝道〟というジャンルは、姿勢〝道〟でもあります。

体幹部を真っ直ぐに引力に沿わせることによって、重力を〝威力〟や良い動きに還元できるだけでなく、脊髄神経への引力の刺激が脳の発達を促す。これは、人類が二足直立歩行をして進化したという事実から見ても明白です。

そこからさらに正確に、精密に、繊細に体幹部、そして脊髄神経と引力との関係性を築いていく。これは、禅やヨガ、気功、瞑想などの東洋の修行文化に、ひいては世界中の舞踊文化に明確にあるコンセプトです。

文化の始まりは、祈り・舞踊・打楽器に遡ります。

世界中に同時多発的に、各民族の踊りが発生し、そして〝音〟〝リズム（拍子）〟を奏でる打楽器が生まれているのは偶然ではないはずです。そして、それらは、人間が

〝神〟とつながる行為だったはずです。

そこから、さらに発展し、突き詰めた形・体系となったものが、各宗教の修行法だったのでしょう。日本で言えば神道に始まり、武道・書道・茶道・華道等の所作・動作・技・形・型として、身心感覚の転写装置としての役割を果たしてきたのだと推察します。

進化との関係

各〝道〟・舞踊・能・ヨガ・気功、ひいては禅や瞑想に至るまで〝姿勢〟のあり方は、それらの上達の〝核〟とも言えるところに位置しています。

武道に人生を懸けようと決意してから、武道の有益性を体現し、証明し、体系立てたいという欲求に駆られ、様々な人間開発法としての〝文化〟〝訓練体系〟を研究し、稽古してきました。

その中から導き出した共通項としての〝姿勢〟に対しての一つの見解は、〝脳の進化〟との関係でした。

人間は、〝勉強〟をして脳が発達したから二足直立の人間になったのではなく、二足直立という姿勢になったから脳が発達した。すなわち、脳の発達と〝姿勢〟にははっきりとした因果関係があり、そして、その中核になるのは引力と体幹部（脊椎骨）の角度にあるということを学び取りました。地球生命系の脳の発達、進化に当てはめてみても、はっきりと因果関係が見て取れます。

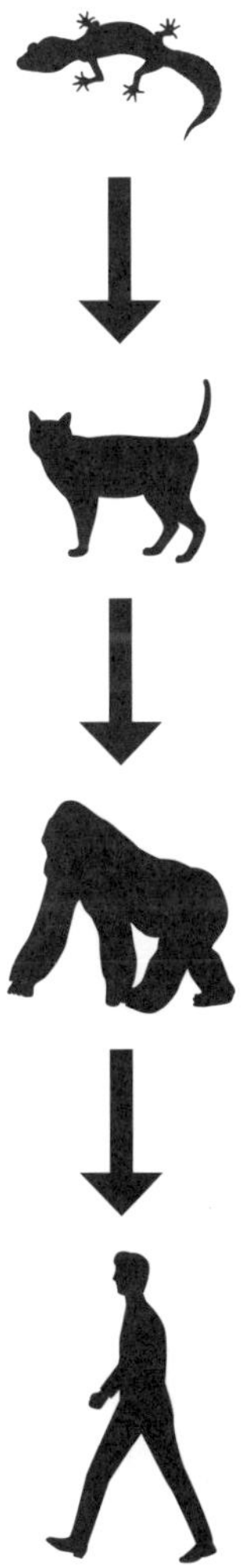

そして、バランス運動を主にした引力との運動性が複雑で高度になればなるほど、脳が発達してきています。

両生類・爬虫類から四足動物までは、体幹部は引力と〝直交〟の関係にあります。しかし、引力との運動性で言いますと、地面に這いつくばり一見〝座布団〟のような両生類・爬虫類よりも、〝四本脚の椅子〟状態の四足動物の方が、バランスをとる難度は高く、実際、四足動物の方が脳の発達は進んでいます。

これが、類人猿のように〝半二足〟状態になりますと、さらに引力に対してのバランス運動の難度が高くなるため、脳の発達は四足動物よりも進んでいます。

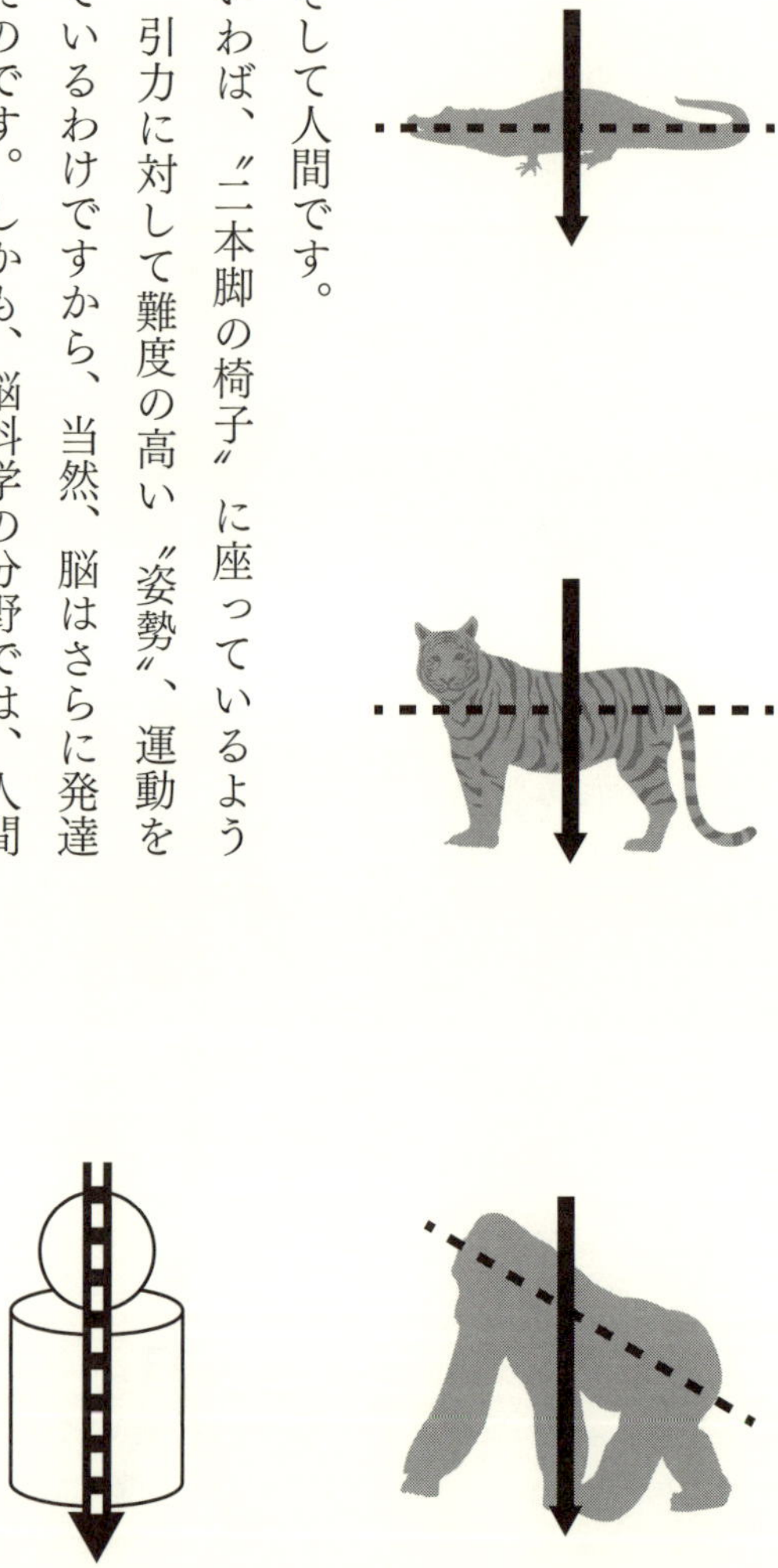

そして人間です。

いわば、〝二本脚の椅子〟に座っているような、引力に対して難度の高い〝姿勢〟、運動をしているわけですから、当然、脳はさらに発達したのです。しかも、脳科学の分野では、人間だけはその発達させた脳を未だ使い切っていないということがわかっているそうです。

武道家の私からすると、それは、まさに二足直立歩行運動、ひいては人間は、まだまだ未完成であり、もっともっと開発の余地があり、それこそが、人類の脳のさらなる〝進化〟につながっているのではないかというロマンある見解に至らざるを得ません。

そうした目で、東洋の〝修行〟と言われる文化を見てみますと、書道や茶道に始まり、禅、瞑想、ヨガ、気功、各舞踊、能等、ほとんどが、体幹部を〝真っ直ぐ〟にするというワークが中核を占めているという共通項があり、そこに驚きを隠せません。すなわち、体幹部（脊椎骨及び脊髄神経）と引力を限りなく沿わせていくことで、脳を中心に、身心に様々な進化的変化が起きてくるという仮説が成り立つと思うのです。

私の考える武〝道〟は、この、体幹部と引力を限りなく沿わせ、それを矛盾なく技に還元できるということが第一義となっています。

武道と神道、道場と神棚

武道の道場に、神棚が祀られていることをご存じの方も多いと思われます。しかし、その理由までご存じの方は非常に少ないのではないかと思います。

かく言う私も、恥ずかしながら、10歳から武道を始めて、そのことに真の意味で気付き、研究、探求を始めたのは30代半ば過ぎ。試行錯誤、創意工夫、稽古研鑽の末、少しずつ、身体で理解し始めたのは、空手歴が30年以上も経ってからのことでした。

武道にとって〝神〟棚とは、ただ単に、道徳論や観念論、精神論ではなく、具体的な技法から、最終的な目的に至るまで、すべてを物語っている存在と言っても過言ではありません。

このことは、それだけで、膨大な内容になってしまいますので、ここではほんのさわりの部分のお話をいたします。

日本の古くからの信仰が神道《しんとう》であることは、歴史上広く知られています。その神道の神とは八百《やお》万神《よろずのかみ》と言って、簡単に言いますと〝自然〟の中に神が宿っているという考えです。

自然と言いますと、当然、山川草木等の目に見える〝環境的〟自然に目が行きますが、その裏には目に見えない〝法則的〟自然が存在します。

人間が創ったのではない、膨大緻密なＳＹＳＴＥＭです。

例えば〝引力〟。目には見えませんが、地球上のどこにも働いている法則です。この力は、ほんの自分の身長ぐらいの高さから逆さに落ちるだけで、我々の生命を奪ってしまうほどの強大さで働いています。この強大な力を借り、活かさない手はありません。いくら筋力が強くても、引力には敵いません。

この引力の力を借りるには、この身体をそれ、すなわち〝自然〟に沿わせ、適わせなくてはなりません。そのために用いるのが〝意識〟なのです。ここでの〝意識〟とは、特別に集中し、注意を払って訓練に取り組んだ結果得られた感覚です。

それゆえ、武道は意識を極める、すなわち、〝極意〟に至ることが重要になります。引力を活かすということは、〝重力〟に変換しなければなりません。すなわち、自らの身体の重さを感じる能力を〝極意〟として訓練しなければ、それを技に還元することができないのです。

重力の活用は、武道では自然の〝法則〟を活かすほんの入り口の一つにしか過ぎず、〝自然〟には、科学としてはまだまだ解明できていない途方もない領域の法則が、膨大緻密で複雑に存在していると考えられます。

それらの法則＝理をすべて使いこなすことなど、おおよそ人類には不可能なことと は知りつつも、少しでもそれを感じ、それに沿い、その偉大とも言える〝力〟を活用できる存在になりたい。そういう根本的進化は、〝神化〟とも言えるでしょう。そしてそこに至る方法、すなわち〝道〟が、神道、ひいてはあらゆる信仰、宗教等の〝修行〟というＳＹＳＴＥＭになっていったのではないかというのが、私の今現在での見解です。

道場での稽古は、〝宇宙の法則＝理〟を感じ、身に付けるためのものです。よって、武道の道場の神棚は、その向こう側に広がる膨大緻密な〝宇宙の法則＝理〟に沿う、あるいは適うよう〝自ら＝我〟を明け渡し、つまり、〝宇宙の法則＝理〟が稽古に作用する空間になるために設えられたと考えられます。そして、稽古に入る前に神棚に向かって、作法にのっとって、儀式としての礼法を行うことによって〝極意〟に達するという本来の目的を外れることがないよう自らを戒めるのです。

稽古本来の目的を外れることなく行うために、神棚は道場にあるのだと思います。

武道が格闘技やスポーツと最も違うところは、〝極意〟に至り、少しでも〝神意〟を感じ、それらを生き方そのものに反映させることが目的である点です。武道と神道、道場と神棚のつながりが、ここにあるのだと考えています。

武道と神

人類が初めて生み出した文化は祈りと踊りです。地球上のどの地域にも自然発生的に原初の時代から祈りと踊りは生み出されています。それは神に捧げる、もしくは神とつながる方法だったと確信しています。

ここで言う〝神〟とは、自然界の目に見える法則から目に見えない法則まで、それらいっさいを統御しているであろう、大いなる何かを指します。人々は、この概念に〝神〟という名称を付けたと思われます。

神道の修行と結びついた武道、ひいては〝道〟は、原初の祈りや踊りをさらに昇華し、進化させ、体系づけたものだと思われます。

武道に奉納演武という習わしがあります。これは文字通り、神前において稽古の成果を披露するものですが、神に捧げる祈りや踊りと同様の効果をもたらせていればこそのことではないでしょうか。単に、闘争の技術を磨き、闘争に強くなることだけが目的ではなく、それはあくまでも方法としての〝道〟。お寺のお坊さんの修行や神道の神主さんたちの修行と同じように、〝誰か〟に勝つために、〝誰か〟より上手くなるために、稽古をするのではなく、その人が〝何を得るか〟が最も重要な目的です。

もちろん、武道は、闘う技術を題材にして〝修行〟をするわけですから、身体も強くなりますし、健康にも良く、身体の使い方もすごく繊細で上手になります。護身（護心）にも当然役立ちます。

しかし、武〝術〟から武〝道〟になった時点で、闘う技術はあくまで〝方法〟であり〝目的〟ではなくなったと思っています。

〝道〟というジャンルは、〝人〟そのものを開発していく体系であり、そうあってこそ、老若男女、人種、思想、民族の枠を超えて、真に役立つものに昇華されるものだと思うのです。

道・理・美

武道をはじめとする〝道〟というジャンルは、特定の〝誰か〟が教えたことがすべて正しく、それをひたすら守るだけでよいというものではありません。ひたすら〝理＝法則〟をキャッチし、ひたすら追究し、活かすことから学び、段階的に到達する身心の感覚が、その人の考え方、人生観、世界観にまで影響を与えるというものです。

これは脳科学的見地からしても、具体的、実体的な変化を起こすことのできる〝訓練体系〟であるでしょうし、21世紀の〝道〟はさらにそれを進化させた〝SYSTEM〟にしていくべきだと私は思っています。

武〝道〟、茶〝道〟、華〝道〟、書〝道〟はすべて、自然界の〝法則＝理〟をキャッチし、それを通して身心の感覚を開発していく〝道〟に他なりません。

武道では、まず、自分の身体の重さ、時には扱う武器の重さを使うことが非常に重要です。

重さを使うためには、重さを感じ、キャッチできる能力が必要になります。

普段、皆さんは自分の身体の重さを〝体重〟として以外、ほとんど感じていないことと思います。

しかし、武道では、自らの身体にかかっている力、すなわち〝重力〟として自分の身体の重さを感じて、それを活かして、動きや威力に還元します。そこに到達した昔日の達人的武芸者は、それを〝天地人〟と表現したり、〝天と地の理《ことわり》〟と表現したりしました。

〝法則＝理〟は、この重力を代表とした様々な目に見えないものから、自然界の現象として我々の目に見える形で存在しているものまで、すべての〝世界〟を形成しています。

そして、あるところで私は〝理〟は〝美〟であるということに気付きました。

理に適ったものは美しく、真に美しいものは、理に適っている。数学の学者・先生方は、その方程式の見事な整合性の美しさに神の存在を感じるほど感動して、数学に魅せられていくと聞いたことがあります。

〝法則＝理〟を活かすには、〝美〟しいものに気が付き、キャッチできる能力を磨かなければなりません。

花の美しさ、水の美しさ、行為の美しさ、心の美しさ、様々な〝美〟に対しての感性を磨いていった時、やがてそれは〝理〟へと到達するのではないでしょうか。私は、華道や茶道は門外漢ではありますが、武道同様、〝法則＝理〟を追究する〝道〟が、華〝道〟であったり茶〝道〟であったりするのではないかと思っています。

かつての〝武士道〟の基準も〝美〟であったように思います。

恥・潔・義・仁等の概念は、〝損得〟ではなくて〝美醜〟でした。

恥ずかしいことはしない、卑怯なことはしない、義を欠くことはしない。それは〝美〟しくないことだから。

これは得をするかもしれないが、醜いことだからしてはならない、これは損かもしれないが美しいことだからしなければならない。こういう価値基準が、かつての〝侍〟の中には厳然と存在しました。

私も含め、これらの価値観を真に取り戻し、身に付けること、そして、その価値と方法を世界に発信していくことも、〝道〟と名付けられたジャンルが担えるこれからの重要な役割ではないかと、願いをこめて、心から思っています。

〝道〟というジャンルに、堅苦しい印象をお持ちの方々も大勢いらっしゃると思います。

また、「別に〝格闘〟に強くなりたいなんて思わない」「華なんかどうでもいい」「字なんて上手くなくてもパソコンの時代に関係ないね」「お茶なんて、コンビニにいくらでも売ってるよ」と思っている方々にも、武道、華道、書道、茶道の真の目的とするところを理解して頂けたら、きっと〝道〟というジャンルの素晴らしさが理解でき、比類なきものとして、輝き出すことと信じています。

私は武道に、ひいては〝道〟というジャンルに、そして、この日本が生んだ素晴らしいワークシステムに興味を持って頂きたいと思っています。その〝道〟としての内容を損なうことなく、進化・深化・真化させ、発展させ、一部の偏った人々だけに必要とされるのではなく、もっともっと普遍性を持って老若男女のより多数の方々に、目を向けて取り組んで頂きたい……そう願っています。

武道的価値観

〝道〟の目的は、ひたすら自分の内側へベクトルを向けていくことです。

武術も〝道〟になった時点で、その最終目的は極意とも言える感覚を高めることではないでしょうか。

武道・武術の先人も「剣禅一如《けんぜんいちにょ》」「拳禅一如《けんぜんいちにょ》」というような言葉を残しています。

この2つの言葉のいずれにも〝禅〟という言葉が入っているのは、仏教の修行法の一つである〝禅〟と武道の修行は目的とするところは同じだと説いているからです。

武道的価値観において、最終的に闘い、勝（克）つ相手は常に自分自身です。

それは技から心に至るまで、具体的にも本質的にも以前の自分を超えているかということが物差しになります。

以前の自分を超える……それは〝克己〟と表現されてきました。

何事においても、以前の自分より〝上達〟していることを目指す。それは個人史としての進化を目指すことと言えます。

神道、仏道、書道、茶道、華道……本来〝道〟というジャンルは、すべて競技には成り得ないものです。それは〝道〟というジャンルが〝自分自身の成長・進化〟を目的としており、他の誰かと比べて優劣をつけるということが主旨ではないためです。〝道〟の目的は徹頭徹尾、過去と現在の自分とを比べて、少しでも過去の自分より優ったものとなっていくことに他ならないのです。

武道が〝闘い〟（「戦い」より広義的な意味）の中に身を置くのも、自分の上達・進化が独りよがりにならないように、相手にも〝物差し〟の一つになってもらうためです。それがゆえに、ふさわしい相手を求めて試合《しあ》うことが重要だったのではないでしょうか。

〝試合〟とは、お互いの上達・進化を〝試〟し〝合〟う機会です。武道の試合や、組手・乱取り（闘いの稽古）の前には必ず最上級の〝礼〟を行う仕来たりがあります。

これは、これから自分の上達を確かめる〝物差し〟になってもらうことを、相手が尊敬に値し、〝ふさわしい〟相手だからこそ、お互いに〝お願い〟し合うのです。

〝戦い〟という具体的な状況には〝痛み〟〝恐怖〟〝焦り〟〝苛立ち〟など、自らのコントロールを失わせる様々な要素が発現します。〝平常態〟の時には発揮できた能力が、〝非常態〟になった途端、発揮できなくなるということは、人間、誰でもあることです。

しかし、能力を問われるのはいつも〝非常態〟の時なのも、また事実なのではないでしょうか。

〝平常心〟というのは、平常の時の心の状態を指すのではなく、非常時における心のコントロール能力のことを指しているのだと思います。

ですから、武道における〝闘い〟の意義は、相手を痛めつけることでもなく、相手に勝つことでもない。〝戦い〟という状況を使って、どのような状況においても、高いレベルで、自らの身心をコントロールする能力を養う……まさに〝克己〟という状態を体現できる境地を目指すところにあります。それがために〝戦い〟の中に身を置き、また、〝闘える〟身心に磨きをかけるべく、日々、道場での稽古に明け暮れるのです。

多様な価値観が混在できる現在だからこそ、それを認めた上であらためて、〝人が生きるってどういうことだろう〟ということの本質と、真剣に向き合うことが重要になってきているのだと思います。

いろいろ自由ですから、考え方も自由に、あれこれあって当然です。しかし深く考察すると、少し手前味噌ではありますが、「智・情・強・観」の螺旋階段を上り続けていくことが、〝人が生きる〟＝〝人生〟の重要なテーマなのではないかと思います。

戦争も、宗教間の争いも、犯罪も、環境問題も、そして、個人個人の問題も、人間自体の個々の内面の成長、すなわちその要素である「智・情・強・観」の成長にかかっているように思われます。〝他〟の人よりも、〝他〟の家族よりも、〝他〟の会社よりも、〝他〟の国よりも、〝他〟の民族よりも、という相対的価値観に由来する地位・権力・金銭という外面の〝競争的〟な成長ももちろん必要ではありますが、今、最も欠落してきているのはそれらの前提、人間の土台となっている内面の〝絶対的〟な成長に対する興味や価値観だと思います。

目に見えるもの、物質・現象として現れるものには、興味や価値を感じやすいのですが、同じ努力を要するにもかかわらず、内面の成長のような判定基準がはっきりせず、物質・現象として現れないものには、価値を感じにくいものです。

そんな価値観になればなるほど、そのままそれが世相に反映されてきています。物や現象はあふれるほど豊かになってきているのに、その反面、内面は荒廃してきています。それは、みんなの興味・価値の対象の比率と関数のように見えます。

その一方で、内面の成長ということの支えになっている要素が、偏った思想や主義であったりすれば、それはやはり相対的価値観に由来する競争的な現象を生じさせてしまうでしょう。

人としての内面の成長に関心を持ち、価値を見出し、それを体現する行為に取り組んでいく……これからの時代に真に必要な事項の一つとして、このことが挙げられるのではないでしょうか。そして、それに応えられる体系こそが〝道〟というジャンルなのです。

人としての内面を成長させる要素がたくさん詰まっている武道は、やはり、これからの時代、日本人にとって、とても重要な役割を果たせるのではないかと思います。

身体と意識と健康と

武道である空手の稽古体系は、道場での作法、準備運動だけをとってみても、身体の隅々まで意識を行き渡らせるワークと言えます。

身体全体を意識する。これは、自分の身体との〝対話〟と言ってもいいでしょう。準備運動は、自分の身体すべての箇所に「よろしくお願いします」と挨拶をしていくということにたとえることができます。

普段、普通に生活している中で、意識が高いのは顔と四肢、すなわち手・足。それ以外は非常に意識が低いというのが平均的現代人の感覚ではないでしょうか。

良い動きをするためには、身体全部にまんべんなく、均等に、そして高く意識を張り巡らせることが必須です。

思った通りに、そして自然の法則に適った上質な動きができる身体を手に入れることは、武道に限らず、人にとって無上の価値のあることだと思います。

身体を意識すること、それは、いわば自分という主体意識と、各細胞意識との配線を強く、太く、強固なものにしていくことです。それが武道・空手の稽古です。

よりたくさんの情報を、より正確に、より早く、同時に処理できるようにするのです。

負担、負荷の中でも断絶したり、細くなったりしない、そんな配線を目指します。

全身に、きめ細やかに、まんべんなく、繊細に。そして、特に生命力の根幹、動きの根幹―文字通り身体の〝幹〟―である〝体幹部〟の意識が最も重要なのです。

しかし、最重要であるにもかかわらず、実はその部分が、一番意識が低い方々が大多数なことも事実です。

意識が低い部位は、たとえるならば、自分が学校の先生であったとして、自分のクラスの生徒で気にかけていない子が、やる気を失くしたり、反抗的になってしまったり、気を引こうと暴れたりしているような状況が、自分の身体に起きる可能性があると思われるのです。怪我や病気という形で現れる場合もあります。身体全部に高い意識を張り巡らせることは、健康面から見ても、大変重要なことなのです。

近年、「全身の細胞一つ一つにもそれぞれ意識があることがわかってきた」という意識についての研究発表を見たことがあります。

ならば、〝自分〟が全身を意識することで、主体意識と細胞意識の連絡が高い密度で行われ、細胞が活性化されるということは、因果関係としては充分にあり得るでしょう。

意識はエネルギーです。身体全部に意識が行き渡っているということは、〝自分〟のエネルギーが身体全部に行き渡っているということです。意識という〝栄養〟が行き渡っている状態と言えば、わかりやすいかと思います。

武道・空手の稽古は、具体的運動以前の健康法でもあるのです。

ムーブ・アーティスト

武道・武術家は、実は、アーティストの部分も発達させられると思っています。言い換えれば、元々内包されているアートという部分を容易に表現できる、と言えるかもしれません。

武道・武術は、戦闘のための術技に端を発していることは今さら語るべくもないことですが、近代の戦闘のように兵器が発達していない時代は、人の動きそのものの質・レベルに、そのまま勝敗、ひいては命が懸かっていました。

そして東洋人、中でも日本人は、西洋人に比べて身体の大きさ、骨格の太さ、筋肉の量において劣っていましたので、それをカバーして余りある身心・技を練りに練り上げる必要があったのです。

そうして生まれてきたものが、東洋、日本の武道・武術です。

ならば、そこには、〝命〟を懸けるに値するだけの、ありとあらゆる創意工夫、叡智が積み重ねられているはずです。人間の能力の限界を伸ばしていく〝動き〟を身に付け、そこに展開していかなくてはならなかったのですから。

そんな状況が生み出した、極限の動きの一つが武道・武術の動きです。

〝極意〟なる言葉も、今では、様々なジャンルの方々に使われますが、出自はあきらかに武道・武術であり、まさしく、〝極限の意識〟〝意識の極み〟〝意識を極める〟等々を指す言葉に相違ありません。

高度で複雑精妙な動きを実現するのは、〝極意に至った身体〟ということになります。

武道・武術家の〝動き〟は、〝極まった意識〟から成る〝極まった身体〟が、時空（時間と空間）に描く最高の芸術、すなわちアートなのではないかと思います。

ですから、武道家は、〝ムーブ・アーティスト〟とさせて頂きました。

そして、武道が描き出せるアートは、万人に、普遍的かつ有益なものであり得ると確信しております。

信仰

現在、日本以外の国々の神仏への信仰心の高さに思いを馳せるにつけ、どんな神仏を信仰しているかにかかわらず、信仰がその国、その民族の根底的なものの考え方、価値観を基底、規定しているパーセンテージが非常に高いと言えるでしょう。こうした事実を前に、日本人として、ずっと頭では理解していたことが、さらなる実感を持って迫ってくる感じがします。

様々な国々での教会や神殿、寺院の占めるポジションや機能、影響力は、現代日本で生まれ育った私たちには計り知れないほどです。科学万能と見えるこの時代に、未だ厳然と、神仏は人々の根底に影響し、横たわっています。

翻って我が国、日本を鑑みると、仏教をはじめ、神道、キリスト教も含め様々な神仏が〝存在〟はしていますが、一部の人々を除いては、ほとんどの人が、それを根底的なものの考え方や価値観に還元しているとは言い難いのではないでしょうか。生きる指標や支え、行動規範のバックグラウンドにしていることは、ごく稀なのではないかと思います。

私個人は、信仰の対象が特定の〝神仏〟もしくは〝教え〟でなくても良いと思っています。

しかし、人間を生み出し、森羅万象を生み出し、この宇宙全体を生み出したのは、人間以上の〝何ものか〟であることは間違いのない真実です。

様々なことが混沌としている現代は、日本人である私たちも、その〝何ものか〟を自分たちの中に再構築する時期に来ているのではないかと思います。

今こそ〝武道〟を

近年、学校教育の中に、少しだけ、武道が取り入れられました。

それ自体は、とても喜ばしいことです。

しかし、武道という〝型（礼儀・作法・技、すべてにおいて）〟から〝何を学ぶのか〟を、真の意味ではっきりさせないと、その〝効果〟も曖昧で、混沌としたものになってしまうのではないかと思っています。

日本の、特に〝道〟と呼ばれる文化は〝型〟の文化です。

〝型〟とは鋳型、もっと言えば、転写装置です。人を、その〝型〟にはめることによって、〝ある能力〟をその人に転写できるのです。

その〝ある能力〟とは、単立的な表面上の浅いものや、儀礼的なもの、まして形骸化されて使えないようなものでは、決してありません。

これから、人類学・脳科学・進化学・哲学・幸福論等、様々な科学や学問的分野の方々が、研究対象としてその〝効果〟に注目して頂ければ、武道はもっともっと日本の役に立つことができるのではないかと思います。

それほど、武道という〝型〟のもたらす〝ある能力〟とは、複雑高度にして、膨大緻密で、多岐にわたる〝有益〟なものだと確信しています。

ただ、武道を取り入れても、スポーツ競技としての内容をそのまま取り入れるだけでは、表面をなぞるに過ぎません。単純に挨拶や動作の仕方を〝STYLE〟として、その場だけ〝武道的〟にしただけでは、効果は他のスポーツと何ら変わらないのです。

もちろん、各スポーツにはそれぞれの効果や素晴らしさがありますが、この事柄は、〝武道だからこそ〟という特性という意味で、まったく別次元での問題です。

現在、日本や日本人の置かれた状況の中で〝武道ができること〟を考えた時に、〝日本の独自性〟〝日本人の思考性〟〝日本人の強さ〟を根底で作り、支えてきた〝ある能力〟を、武道、もしくは〝道〟というジャンルによって修得・復活、進化発展させることが、今、急務なのだと気付かされます。

きっと、その能力は、日本と日本人に〝自信〟と〝誇り〟と〝元気〟と〝自由〟を再びもたらすと、私は信じているのです。

笑　う

世間一般でもよく言われることですが、笑うことは大事なことです。

空手道豊空会は、武道の道場の中でも圧倒的に笑いの多い道場だと思います。もちろん、稽古への取り組みが大真面目なのは大前提でのことです。

〝笑う〟と言っても、決して不真面目なわけではありません。

私自身が武道を始めた頃、道場では「歯を見せるな！」などと言われ、稽古中に笑うことなど〝言語道断〟という感じでした。それはそれで得ることがたくさんあります。厳しさや覚悟、けじめ等々。いつの時代にも必要で重要な要素です。

しかし、現代だからこそ真剣に取り組まなくてはならないことがあります。

その一つが〝笑う〟こと、しかも、下卑た、シニカルな、斜に構えた〝笑う〟ではなくて、心底から、〝底抜けに明るく笑う〟ことです。

現代は、昔は少なかった精神的病《やまい》が蔓延しつつある時代です。この精神的病の予防にも非常に効果があると思えてなりません。

人間以外の動物にも、喜怒哀楽はありますし、犬や猫も、怒るし、泣きます（余談ですが、私が飼っていた猫も、涙を流して泣くことがありました）。

でも〝笑う〟ことは人間にしかできません。

神様は、どうして進化した我々人間だけに〝笑う〟ことを許されたのでしょうか。

それは、きっと〝必要〟だったからでしょう。

進化すればするほど、ストレスも複雑で多大になります。そのカウンターバランス（釣り合いを取ること）として、〝笑い〟が存在すると考えられるのです。

武道は、人間がさらに進化を遂げるための〝道〟と言えます。修行は大変ですし、行うこと、考えること、すべてが複雑で、身心ともに多大なある種の〝ストレス〟がかかります。

道場の現場での例をとれば、難しい理論や技法、考え方等を伝える際には、あえて冗談を交えて話をします。そうすることによって〝笑い〟が起こり、皆の思考が和らぐのを実感します。〝難〟に対する〝軟〟でカウンターバランスを取ることで、脳は〝難しい〟けど〝楽しい〟というようにインプットし、難しいことを楽しく修得する感覚を養えるのです。

絶妙なタイミングで〝笑う〟ことは、修行の妨げになるどころか、フォローになると確信しています。

その証拠に、昔日の武道の（人生の）達人の方々は皆一様に、底抜けに明るく大笑いされていた印象が強いのです。

現代における武道の価値と存在意義

私は、ある時期から、現代における武道の価値と、その存在意義に対して自分なりに突っ込みを入れるようになりました。

元々〝武〟は武士が〝兵《つわもの》〟、すなわち兵士として戦場で役立てた技術で、戦国時代などはそのままズバリ、相手を倒せるかどうかで価値が計られたのです。

江戸時代には〝武家社会〟の権威と秩序の象徴として〝武〟が機能しており、武士の〝有《あ》り様《よう》〟や精神というものに重きが置かれ、やがて〝武士道〟が形成されていきました。

翻って現代、武道の技は現代の戦争の技術、すなわち〝兵士〟の技術そのままには成り得ませんし、いくら〝実戦空手〟と謳《うた》っても、現実の犯罪や事件に特化されているわけでもありません。それでは現代における武道の価値と存在意義はどこにあるのだろうと愚考するわけです。

武道を、空手を愛しているがゆえの悩みと言えるかもしれません。役に立つ事柄が明確でないものは、その価値と存在意義が危うくなり、自信を持って必要としてもらうこと、広めることがはばかられるようになってしまいます。

武道・空手を稽古してきて、個人的に得られたことは膨大なものが確実にありました。しかしながら、私には、〝武道でなくてはならない〟〝武道でなくては得られない〟と明確に理由付けできる答えが必要だったのです。

様々なジャンルの師に付き、自らの身心を実験台として研究・研鑽を繰り返す日々の中でたどり着いた答えが「〝道〟としての機能」でした。

人間自体の身心の開発法として、これほど効果的で多岐にわたるものが他にあるだろうか。わかってくればくるほど、その思いは強くなる一方でした。

武道の稽古体系には、全身心に渡る様々なコントロール方法のメソッド・ワークが存在します。

人類最先端の科学テクノロジーのほとんどが〝軍事〟から生まれるのは、(悲しむべき矛盾でもありますが)やはり生命が懸かっているところに、人は叡智を結集するということなのでしょう。

翻って、身体運動の分野で〝軍事〟に当たるのが〝武〟であった時代、人はそこに無上の〝叡智〟を集めたはずです。

身体のつくり方から合理的な動き方、心のコントロール能力、具体技、自然現象、思考性、果ては死生観・境地に至るまで、すべてが上達対象です。

そこから得られる能力は、昔日から現代に至るまで一貫して人の〝進化〟に関係する事象として、人が生きる目的の根幹にも関わる問題を含むと言えます。

武道は、精神文化と身体運動文化を網羅する稀有な文化として、その価値と存在意義を輝かせる時期だと切に思うのです。

身《み》言《こと》葉《ば》

元来、日本人は身体性が豊かで、物事を身体で感じるという感覚がより発達していたと思われます。

そのことをうかがわせる特徴として、日本語には非常に多くの〝身《み》言《こと》葉《ば》〟が存在します。

まさしく〝身をもって解《わか》る〟という表現です。

そして、その言葉にはそれを裏付ける驚くべき根拠が存在しているようです。

例えば、昔は怒った時〝腹が立った〟と表現することが多かったのですが、医学の発達に伴ってその根拠が示された例を目にしたことがありました。〝腹が立った〟と感じている人のおなかをレントゲンで撮影すると、横になっている胃が実際に少し立っていることがあるのだそうです。

怒った時に〝頭に来た〟と表現することが増えてきたように思いますが、これは、怒った時に頭に血が上って冷静な判断に欠ける状態、いわゆる〝キレた〟状態になりやすくなったということを示しているのでは、と推測されます。

一方、何かに感動した時は〝胸が熱くなる〟と表現したり、あまりにも悲しいことがあった時には〝胸がつぶれる〟などと表現したりします。感動した時は興奮で心拍数が上がり、血流が良くなりますし、哀しい時には血管が収縮して心拍数も下がり、まさに胸がつぶれるような状態になると言われています。

胸には〝心〟の〝臓〟器と書かれる心臓があります。江戸時代後期に西洋から解剖学が渡ってくる以前は、日本人は知識としてどこにどんな臓器があるかということなどは知らなくても、感情と身体各箇所との関係を感覚として捉えていたのだと思います。

日本人の古《いにしえ》から持っていた〝身をもって解る〟という優れた能力は、〝道具〟や〝機械〟が全盛となった現代では、急速に失われつつあるのではないかと思うのです。

実際、道場に通ってくる子供たちに接してみても、年々その傾向が強くなってきていることをひしひしと感じます。

道具や機械を操ることは上手くても、身体に対する意識が鈍い感じ。意識が身体からはみ出てしまって、どこかに浮遊してしまっているような……そんな状態になっている子供たちも非常に多く見受けられます。道具や機械はもちろん便利ですし、それらの発達は物質的には人々を確実に豊かにしてきました。それはかけがえのないメリットです。

しかし、何事もメリットのみということはあり得ず、その裏側には必ずリスクが伴っていると考えます。

現代、ひいては未来、あまりにも膨大な情報の海が身体の外へ広がり続けていくのに伴って、私たちの意識は本来〝身体〟ひいては〝心〟に向けられるべきベクトルを失い、〝人〟として〝この世〟を生きているという確信をも失っていくような気がしてなりません。

意識

例えば、自分の足の親指を〝意識〟してみてください。

意識は心にフォーカスされていますか？　それとも身体ですか？

この場合、意識は身体にフォーカスしています。

逆に、遠い昔の楽しかった出来事を意識してみてください。

意識は時間と空間を越えて心に記憶された〝その時〟〝その場所〟にフォーカスされています。

それでは、好きなタレントさんが載っている5メートル先にある看板をじっと見てください。

その時あなたの意識は身体を離れて、5メートル先に飛んでいっていることでしょう。

このようなことからもわかるように、意識というのは外界から身体、心に至るまで多岐にわたってフォーカスさせることができます。

その〝意識〟を様々にコントロールし、自らの〝身〟〝心〟にアクセスし、開発していくことを、古来〝修行〟と言い、その方法の一つが〝道〟という体系なのだと思っています。

生きている確実さ――身体

〝生きている〟ということの唯一の確実さは、〝身体〟があるということです。仮に〝あの世〟というものがあったとしても、それは身体から抜け出て〝死んだ〟後の話です。

私たちは身体なしには〝この世〟にはいられないのです。身体は、いわばこの世に居るための器、乗り物です。だとするならば、そのことに重要な意味がないわけがありません。

心と身体は意識でつながっています。

どういう心で生きるかということで、身体は変わってきます。逆に、どういう身体を手に入れるかによって、心も変わってきます。それらをつなげているものが〝意識〟なのです。

意識は身体と心の間《はざま》にあって、その両方を開発することに貢献するのです。身体という〝器・乗り物〟をもらったからこの世を生きていくことができるのです。そして、その器・乗り物の性能は、確実にその〝中身〟に影響するようにできているのだと確信しています。

〝修行〟というと堅苦しくて、ただ単に厳しくて辛いだけのもの……というイメージになりがちですが、意識を用いて身体を開発し、その中身である心を修めていく。その行いを通して、それぞれの生きる意味を真に感じ取っていくことが〝修行〟なのではないでしょうか。

固態・液態・気態

人間の身体は、大別すると筋肉、骨格、内臓等の〝固体〟、血液やリンパ液等、体液の〝液体〟、そして、循環する空気やガス等の〝気体〟の三形態によって構成されています。

私の主宰する空手道豊空会では、三形態それぞれの特徴を最大限に活かし、効率的かつ最大なエネルギーに変換できるようになるための稽古体系を構築するべく、研究・研鑽に励んでいます。

固体としては……筋肉の出力制御を通して、より合理的な骨格操作や内臓コントロール能力を養う

液体としては……人体の70パーセントが水分であることを活かした身体の使い方を修得する

気体としては……呼吸操作と意識操作を用いての身心のコントロール能力を身に付ける

各々主に前記の能力を開発していき、固〝態〟として、液〝態〟として、気〝態〟としてのあり方や、活かし方を修得し、やがて、それが修練者の中で融合し、機能していくようになることを目指します。

そうすることで、天から授かったとも言える身体を真の意味で使い切っていく方向性が見出され、同時に、人間の身体に真の価値を感じられるようになるのでは、と思うのです。

借力《しゃくりき》と謙虚

ここまでお読み頂いてきた皆さんはおわかりかと思いますが、武道の真髄（神髄）は、自然界の〝法則＝理〟を身心で感じ取る稽古を重ね、その力を最大限に活かすことにあります。

究極は、〝法則＝理〟に身心を委ね、任せ切る境地に至ることです。

自然界の〝法則＝理〟の力を借りた〝借力《しゃくりき》〟の状態で、極限まで自然の法則を利用した身心の動きを体得し、〝我〟を捨てて〝理〟に身心を委ねるのです。そうして、〝力を借りて〟発現させているという感覚を得る。それが真の〝技〟と言えるものなのかもしれません。

そして、〝そこ〟に達した人たちを古来〝達人〟と呼んだのではないでしょうか。

〝達〟したと思われる方々の残された言葉はジャンルを問わず、皆一様に同じ方向に向かって指し示されています。

「大自然の前には、人の力は小さいもの」

「理から入るは上達早し、技から入るは上達遅し」

「我を捨てねば理に至れず」

「身を捨ててこそ浮かぶ瀬もあれ」

「漕ぎゆく先は波のまにまに」

等々。

合気道の創始者である植芝盛平《うえしばもりへい》師に至っては、「神人合一《しんじんごういつ》」という境地にまで到達されたとのことです。

日本人独特の感性である〝謙虚〟さは、諸外国の人々から見ると〝優柔不断〟〝難解〟〝引っ込み思案〟〝はっきりしない〟〝自信のなさ〟〝卑屈〟〝偽善〟等々と映り、理解し難い行為のようですが、これも、目に見えないものを重んじてきた、日本の伝統文化が生み出した優れた精神性なのです。

謙虚さとは〝謙虚ぶる〟ことではなく、真に〝大きな力〟を感じた者が、人間や自分自身を省みた結果、得ることができるものなのかもしれません。

思いやりと察する能力

前項でお話しした〝謙虚〟とは、決して〝優柔不断〟や〝卑屈〟などではなく、〝法則＝理〟を重んじてきた日本人が伝統的に育んできた、目に見えないものを見、耳で聴こえないことを聴こうとする〝思いやり〟と〝察する〟能力が生み出した類い稀な感性です。

私の友人がかつて、空手の指導も兼ねてオセアニアのある国に行き、現地の人々と一緒に活動をしていた時のことです。

ずっと働きづめだった彼に、その現場の責任者が「Are you tired?（疲れましたか？）」と聞いてきました。日本人であり、しかも武道家である彼には、「疲れた」「休みたい」は〝弱音〟であって、そうそう簡単に言うものではないという感性があります。そこで彼は、「Thank you! But I'm OK!（ありがとう！　でも自分は大丈夫！）」と元気良く答えました。

すると、責任者の人は「Good!」と親指を立ててニコッと微笑みました。

本当はヘトヘトでしたが、彼はその後も頑張って働き続けました。

そして彼の疲労が限界に達しているのを周囲の人々は誰一人として気付きませんでした。やがて、彼は体調を崩してしまいました。

海外における日本人のこのような例をたくさん耳にします。

外国の人々にしてみれば、「何故、はっきり言わないんだ!?」「言わなければわからないだろう!?」ということになりますが。

日本人は〝思いやる〟とか〝察する〟という能力が高い人々の中で育っています。

働いている人は、自分が「疲れた」とか「休みたい」と言ったら責任者側に迷惑がかかるだろうと、相手の立場を〝思いやり〟頑張ります。ですから責任者側は、大丈夫と言っているけど、だいぶ疲れている〝はず〟だからと〝察し〟、〝思いやって〟休ませるのです。

日本人が育んできた見えないものを見、聴こえないものを聴こうとする伝統は、常に〝相手〟の立場に立ってものを考えられる、単純な優しさとは次元の違う、奥深くて、気高く、美しい精神性を日本人に与えたのです。

礼儀・節度

もう一つ、これは私が出会った興味深いエピソードをご紹介したいと思います。

数年前、北欧の友人宅にしばらく居候をさせてもらっていた時のことです。滞在最終日に、私は感謝の気持ちをこめる意味で「この部屋の掃除をしたい」と申し出ました。すると、その友人はとても不思議そうな顔をして、「No! You are a Guest. Why do you clean my room? That work is me or house cleaner's work.（いいえ！　あなたはお客さんです。何故あなたが掃除を？　掃除は私かハウスクリーナーの仕事です）」と言って両手を広げました。

それでも私は、日本人は〝部屋〟にも〝感謝〟の気持ちを持つことと、それを掃除というwork（働き）で表すことを説明し、心をこめて掃除をさせてもらいました。

彼は不思議そうな中にも感心の面持ちで、「You are a kind man.（あなたは親切な人だ)」とつぶやきました。

私は心の中で、ちょっと違うんだけどなぁと感じつつ、困惑した彼の顔を微笑ましく思いながら掃除を続けました。

これも神道や〝道〟で育まれた、あらゆる空間に神＝理＝法則が働いているという感性あればこその成せる業であると誇りに思います。

日本の伝統は秩序を重んじます。それは、全宇宙の〝法則＝理〟が、秩序そのものだからです。

地球の自転・公転に始まり、月の周回、太陽系の運行、銀河系の運行等、すべて人智を越えた秩序と調和によって存在しています。

よって、日本の伝統は〝空間〟そのものにも感謝と敬意を払います。

極大の秩序から極小の秩序まで、目に見えるものから見えないものまで、あらゆる秩序があるからこそ、〝ここ〟が成り立っているという考えです。

そこに〝神〟を感じ、それに沿おうとした〝道〟が神道であり、武道であり、書道、華道、茶道であるならば、常に大所高所に立ったものの考え方と、それを体現するための立ち居振る舞い、所作動作、そして心を生み出し、育んだはずです。

そうして生まれ、育まれてきたのが日本の礼儀作法、そして節度ある態度です。

姿勢を真っ直ぐにすることの理。

体幹部を真っ直ぐのまま傾けてお辞儀をすることの理。

コミュニケーション手段である〝言葉〟を使いこなすことの理。

各々の立場や関係において最も良い身と心の〝間合《まあい》〟を計ることの理。

姿勢という身体の技、敬語という言葉の技、そして、何よりも大所高所に立った感覚から来る、思いやりの心。

これらを駆使した最高のコミュニケーション能力が、日本人が紡いでいかなければならない〝礼儀と節度〟という技なのです。

太極マーク

豊空会のロゴマーク

螺旋、そして陰と陽

上の右図は、私が主宰する空手道豊空会のロゴマークなのですが、様々な意味をこめてつくりました。

まずは、螺旋です。

DNAが螺旋構造であることは広く知られています。そしてエネルギーとして解明されつつある〝気〟というエネルギーの波動も螺旋状と言われています。

螺旋構造は特別な意味を持っています。

上達という現象も螺旋を描いて上達していきます。繰り返し修練を積むことで、平面上では同じ位置に見えても、立体的には一周りしながらも一つ上の階層に到達しています。それを繰り返して上達していくのです。

そして、表があるから裏がある。昼があるから夜がある。女性がいるから男性がいる、という古代中国に発生した陰陽理論のように、どちらか一方だけでは存在が成り立たないという〝太極〟理論の意味もこめられています。

光の時があれば闇の時もある。でも、明けない夜はない。今は辛い時期でも、必ず良い時期は来る。逆に今、順風満帆であっても必ず逆風の時は来る。そういう〝陰陽〟の理《ことわり》を表しています。

前頁の左図は中国の陰陽理論を現す太極マークですが、陰の中に陽の核があり、陽の中に陰の核を有しています。

それはそのまま太極拳などの中国武術の攻防技術にも表されており、攻撃の中に防御の核があり、防御の中に攻撃の核がある。そして攻撃の終わりは防御の始まりに、防御の終わりは攻撃の始まりに切れ目なくつながっていく。この理論通り、太極拳などに代表される中国武術の攻防技術は、非常にレベルの高いものです。

しかし、日本の武道・武術はさらに〝一拍子の技〟、果ては〝無拍子の位〟という境地にまであると聞き及んでいます。

空手道豊空会のロゴマークは2つの核が融合されて、真ん中の1つの円に統合され、攻防は1つ、すなわち攻防一体となる境地を目指すという理想をも形に表しています。

このように、技術論と精神論（思想）とが、整合性を持って一致した体系をなしているところも、他の身体運動文化にはない武道・空手の特筆すべき優秀性だと思うのです。

空手道豊空会のロゴマークには、様々な法則を求めようとする願いがこめられています。

KARATE　CLASSIC

音楽には、様々なジャンルが共存しています。

ポップスやロック、ジャズ、そしてクラッシックに至るまで、同じ音楽というカテゴリーの中でジャンルとして明確に区分けされ、それぞれがそれぞれの役割を果たし共存して人々を楽しませています。

武道・空手も多種多様、様々な取り組み方がなされています。

スポーツ競技として取り組まれる方々、武術としての伝統を伝承される方々、プロ格闘家として活躍されている方々、様々な方々がいますが、どの取り組みも、武道・空手の有効性・有益性を広めたいという共通の熱い思いの下に行われていて、武道・空手を愛し、修練する者のはしくれとして、こうした方々を大変尊敬するとともに、心からうれしく思っています。

ただ、武道・空手の愛好者の絶対数からすると、武道は決して安泰な状況とは言えないのではないでしょうか。

スポーツとしては、プロも含めて野球やサッカー等に愛好者の数で肩を並べることは今後の大いなる課題でしょうし、伝統武術としては、たくさんの娯楽にあふれた現代において、その〝価値〟を理解させ、広めることが重要な課題であるように思われます。

私共、空手道豊空会は、ここまでに書かせて頂いたような武道・空手の有益性を、音楽のジャンルで言う〝CLASSIC〟と同じような存在として確立し、役割を果たしていきたいという志を持って、一人でも多くの方々が武道・空手にいそしんで頂けるように、これからますます頑張っていきたいと思っております。

空手に先手なし

「空手に先手なし」

この言葉は、日本本土に最初に空手を根付かせたとも言える船越義珍《ふなこしぎちん》師が残された言葉です。

武道・空手は格闘競技とは違い、自ら戦いを挑まず、仕掛けません。

それは理念から技術論に至るまできちんと整合性を持つ、〝境地〟と言える状態を指し示しているように思います。

理念的には、徹頭徹尾〝護身（護心）〟に徹し、決して自ら〝戦い〟を仕掛けません。従って相手が仕掛けてこない限り〝戦い〟は起こり得ず消滅します。

護身の究極は、戦い自体を〝消す〟ことです。

ならば「三十六計逃げるに如かず」という言葉も、弱虫の机上論ではなく、戦いを消すためであったはずです。そこには勝負論はなく、戦いを消すことによって自分も相手も傷付くことなく、〝護《まも》る〟ということが観えてきます。

ならば、武道の戦う〝術《すべ》〟は、戦いを消すための時間的、空間的、感情的制圧を目的とした最低限の行為を施すためのものであるべきです。

〝戦いを消すための闘い〟を行うことは、〝戦い合う〟よりもさらに高度な技と心を身に付け、相手よりもより高い〝位〟に立たなければ不可能な境地なのです。

その境地を目指して技と心を磨くところに、武道家特有のロマンが生じるのだと思っています。

そして、それは技術論としても矛盾なく、究極の境地として厳然と存在していると考えています。

空手の型の動作は、すべて〝受け〟の動作から始まります（これは原理を応用すれば攻撃技にも崩し技や投げ技にも、あらゆる具体技に変化応用できることを内包した上でです）。

このことは武道・空手の思想を表していると同時に、戦いを〝制する〟技術論、戦術論としても驚くべき整合性を持っていることなのです。

ここからは、あくまでも現在の私がたどり着いた私見だということをおことわりした上で述べさせて頂きますが、武道・空手の技の究極は〝出合い頭〟、いわば〝超カウンター〟なのではないかと思うのです。

相手の攻撃に対して、武道で磨いた身心で究極の反応をし、〝受け・避け〟と同時に〝攻・崩・制〟を施すのです。

このことは、レベルによって具体的な動きの前の〝気〟のレベルで反応することも充分あり得、それによって先、先の先、後の先等、その状況に最も適した攻防のタイミングが決まります。

少し専門的になってしまいますが、このことも武道・空手の有効性を語る上で欠かすことのできないお話なので、しばしお付き合い頂きたいと思います。

人は、攻撃している時が最も〝隙《すき》〟ができやすく、技術論的に最も防御がしにくい瞬間なのです。

そして、攻撃をするには自らの身体の運動エネルギー（ここでは〝勢い〟や〝力〟と考えてください）を相手に向かって放出し、伝えなければなりません。

従って、運動エネルギーを生じさせて相手に向かっていかなくてはならないのです。

このことを、走ってくる自動車にたとえましょう。自動車が一方的に脆い対象物に衝突すれば、当然その対象物は破壊されます。しかし、地中に深々と埋め込んで地面と平行に突き出した逆L字状のポールに衝突すれば、自動車が持っている運動エネルギーは、自らを破壊するエネルギーに変換されてしまいます。

武道・空手の理想の〝技の境地〟は、まずはここを目指すことと言っても良いと私は思っています。

技術論的に、突き出した鉄のポールは自在にその位置や形を変え、衝突を避けたり、必要とあらば相手に向かって運動エネルギーを増していきながら迎撃ミサイルのように確実にカウンターする、ということも変化応用として当然範囲にはあります。

しかし、理念的に観た時、地面に固定された鉄のポールは自ら自動車に向かっては行きません。従って戦いを仕掛けることはありません。自動車が向かってこなければ衝突することもありませんから、自動車自体が傷付き壊れることもありません。

もうお気付きだと思いますが、すなわち戦い自体が〝消え〟、自らも相手も〝護〟られるのです。

しかも、武道・空手の技法は、たとえ話としてのこの鉄のポールの硬さを自由に選択できるのです。

この鉄のポールを必要に合わせてゴムにしたり、ゲル状にしたりできるなら、あるいはポールを自動車の方向を変えるように使用できるなら、ポール自体が自動車の走って来る方向をいち早く察知して、のらりくらりと自在にその位置や形を変えることができたらどうでしょうか。

もちろん、簡単なことではありません。

そのためには、究極の反応ができる〝身心〟とそれを実現できる〝技〟を磨きに磨き上げることが必須なのです。

〝自ら〟を護り、〝相手〟をも護る。このような高い境地には、少なくとも私のような凡人では一生かかってもたどり着くことができないでしょう。

しかし、この理念と技法を限りなく近づけ、一致させる理想の境地を目指して日々身心と技を磨いていくことが、武道・空手家としての私の希望であり、喜びだと感じています。

そして、その過程で作られていく〝反応〟の良い身心は〝健康〟へもつながり、あらゆることへの〝感性〟の高い自分へと導いてくれるものと確信しています。

私見―たどり着きたい技と境地

私のような未熟な若輩者が大変僭越なことと身の縮む思いではありますが、せっかく皆さんに私の武道・空手に対する思いや考えを知って頂ける機会なので、私が武道・空手でたどり着きたい技と境地について、もう少し述べさせて頂きたいと思います。

前項でも述べましたが、武道・空手の稽古の中核、いわば木でいう〝根っこ〟の部分は、ひたすら反応の良い身体と心をつくっていくことにあります。その上で護身としての具体技は、まず受け技や消力技（体捌き等を使って相手の力の作用を消してしまう動き）等で相手の攻撃を防御し、対処します。

初歩の段階では、最も単純な反撃技である〝打撃〟、つまり突いたり蹴ったりする技で相手を制することを学びます。

そして上達していくにつれて、より複雑な技法で相手を制することを修得していきます。

単純な反撃技、すなわち打撃技で反撃することは比較的容易ですが、相手にダメージを与える度合いも、ある意味容易で大きくなってしまうのです。容易と言っても、それは打撃技自体の奥深さがないという意味ではなく、殴り返したり蹴り返したりする行為は、何も訓練していない人でも行えるという〝行為自体〟の単純性を指しています。

それに対して、相手の攻撃に対して複雑な技で対応するには、当然のことながら、より複雑で高度な身心の反応力と身体の操作が必要となります。

しかし、複雑な分だけ相手のダメージに対する緩和ということをも考慮に入れた状況を作り出すことができ、やるかやられるかのような状況を回避しやすくなるのです。

一時、私は武道・空手の中に抱いてしまった自分の中の〝矛盾〟に悩まされた時期がありました。それは「自ら仕掛ける攻撃技は必要なのか」という思いでした。

四十数年武道・空手に携わってきましたが、年々、人に酷いダメージを与えることへの嫌悪感が大きく募ってきたのです。

もちろん自らがダメージを負うことは嫌ですが、それは武道をやることに何の矛盾も来しません。

酷い目にあうのは嫌だけど、相手を酷い目にあわせるのも嫌。これはもう、〝戦・闘（たたかい）〟を具体として専門にしている人間としては、究極の悩みと言ってよいほどでした。

合気道のように自ら仕掛ける〝攻撃技〟の技法を廃止して、防御から入る技だけに徹してもよいのではないか。さらには、戦いの具体すら廃して、身体と心の開発法としてだけの〝道〟というシステムに変更したら等々。

果ては、自分は武道に向いていないのかもしれない。やる資格がないのかもしれないとまで思い悩みました。

その時、あらためて出会った「空手に先手なし」という言葉に救われたのです。

自ら先に攻撃を仕掛ける必要はない。しかし、究極の防返《ふせぎがえし》ができるためには、究極の攻撃技が必要だと、あらためて気付かされたのです。

甘い攻撃では、自らの身心の反応力も甘くていいことになってしまいます。攻撃技のレベルが高ければ高いほど、それを防返する能力もすべてにおいて、より高度なものを要求されるようになるのです。

究極の攻撃技は、〝究極の反応力のためだけ〟にこそ存在意義があるのだという見解に至ったのです。厳しい攻撃技を内包してこそ、厳しい状況でも発動される防御技、ひいては身体と心の能力が育成されるのだと。

〝戦・闘（たたかい）〟の中に身を置くことが、矛盾なく〝修行〟になることは、私の中でその一点に集約されていきました。

そして、最終的には具体としての戦いの中でも、自らの身心を護り、なおかつ相手に与えるダメージをも最小限にして相手のことも護りつつ〝戦《たたかい》〟を終わらせることができたら最高です。

〝武〟という字は、〝戈《ほこ》〟を〝止〟めるという成り立ちだと聞いたことがあります。そこにこそ武道家が、格闘家の方々や兵士の方々とは目的を異にした技を追い求めていく〝道〟が形成されていくのではないかと思っています。

あらためて「空手に先手なし」、そんな境地が、私の武道・空手で目指したい理想です。

そして、その先には、未だ解明されていない意識と生理的反応、〝気〟の作用とも言うべき領域が存在するものと確信しています。

武道と〝気〟については、過去から現在に至るまで、武道や武術、気功やヨガ等の分野の〝名人・達人〟の諸先生方が素晴らしい成果を上げておられ、その一端を書籍等で発表、公開されておられます。

私も四十余年武道・空手を研鑽してきた過程において、及ばずながらその領域の稽古にも取り組むようになりました。

私におきましては、この領域についてはまだまだ未熟ゆえに現段階において詳述できることはありませんが、その領域は、修得に値する宝だらけだということは確信しております。

引き続き稽古に励みたいと思います。

武道に補欠なし

〝自分を超えたい！〟
これは私が主宰する空手道豊空会のテーマです。
このことは誰の心にも横たわっている思いではないでしょうか。
少しでも自分を好きになりたい。
信じられる自分になりたい。
納得する自分になりたい。
そんな思いを誰もが心の奥底に持っているはずです。
私もそんな中の一人です。
そして四十余年の間、武道・空手はそんな私の期待に応え続けてくれました。
もちろん理想の自分にはまだまだ程遠いですが。

しかし、闘う相手は常に過去の自分自身です。

武道・空手で何か一つ越えるたび、そこには以前の自分を超えた自分が必ずいました。

自分を超えた！　と感じられることは、人が人生を生きていく中で最も喜びを感じることの大きなものの一つであると思います。

人は皆、〝自分と闘っている〟のではないでしょうか。

嫌いな自分。

信じられない自分。

納得がいかない自分。

そんな自分を超えたくて、日々を重ねているのではないでしょうか。

この本を読んでくださっている皆さんに私は確信を持って言えます。

武道・空手は〝自分を超えたい〟皆さんに必ず役に立ちます。

他の誰かと比べての話ではありません。

過去の自分と比べて、今の自分はすべてにおいて勝っているか、すなわち〝自分を超えて〟いるかが大切です。

武道に補欠はありません！

未来を担う子供たちへ

最後に、私がこの本にこめた願いを述べさせて頂き、まとめにしたいと思います。

古来、日本人の価値基準は〝美〟にありました。

それを支えていたのは〝理〟を感じる感覚でした。

見た目の美しさの奥に働いている真〝理〟を感じ取り、尊ぶ能力。

桜の花を、ただ眺める対象として「キレイだ」と見るだけではなく、人々に美しさを伝え、感動を与え、たった3、4日で散っていくその姿の奥に自らの人生を投影し、その潔さに他の花とは別格の美しさを見出している日本人の感性。

あらゆる空間、自然の摂理の中に神が宿っていることを感じる〝八百万神〟を伝える神道。

あらゆる物、事に対して、ひいては空間に対してさえも尊厳・畏怖・敬意・謙虚等を感じる感覚を育み、それはやがてすべてのものへの〝愛〟へと昇華されます。

現在の日本には、様々なものがあふれかえっていて、日本の文化の素晴らしさは影が薄くなりがちのように思われます。

特に若者や子供たちの興味の対象、需要度は圧倒的です。

野球、サッカー、バスケットボール等のスポーツに打ち込む、または趣味や旅行、娯楽を楽しむ、ひいては勉強や仕事に懸命に取り組むことは、それぞれ大変素晴らしいことです。

しかし、これから日本人が重きを置くべきことは、やはりまず、日本人が日本の伝統と文化を、形骸化された〝ジェスチャー〟としてではなく、その奥にある〝理〟をよく理解した上で身に付けることでしょう。

生意気と言われるのを覚悟で申し上げますと、その国の〝誇り〟はその国の歴史と伝統を尊び、学び、身に付けることでしか育たないのではないかと強く思うのです。

道場という現場で子供たちと接するにつけ、近年とみに何かが失われてきていると強く感じます。

その大きな原因の一つが、自国の歴史や伝統への興味の薄さ、愛着のなさ、そしてそこからくる〝美〟と〝誇り〟を受け継ぐ〝伝承〟という感覚の欠如に思えてなりません。

そして、自分も含めた〝大人〟と言われる層を成している人たちも、近代日本において、そういう〝教え〟を受けずに育ち、それらの重要性に気付かず、まったく必要性を感じずに過ごしてこられた方々が非常に多いのではないかと思うのです。

これからの日本の重要な〝力〟となることは、まず日本人が〝日本人〟として世界の人々と真にフェアに振る舞うことができる〝中身〟を養うことです。その中身は、日本が育んだ、日本にしかない世界に誇るべき〝伝統と文化〟によって養われると信じます。

理に適ったきちんとした姿勢、所作動作を身に付けること、母国語である日本語をきちんと話すようにすること等々、〝道〟というジャンルは、それらのことに著しく有効です。

また、外国の方々にとっても〝道〟は、日本を〝知り〟、日本を〝身に付ける〟ための最高のアイテムでもあると思います。

これからの時代、老若男女あらゆる層の方々に是非〝道〟というジャンルをもっともっと必要として頂きたいと切に願っています。

そして、〝道〟で育まれた〝愛〟と〝誇り〟の明かりが、未来を担う子供たちの胸に熱く灯ることを心から期待し、願っています。

〈空手道豊空会コンセプト「武の風」〉

古《いにしえ》の日本人の価値基準は
“美”という意識に支えられていました。

The values of Japanese people in days of old were sustained by an appreciation of “beauty.”

＊　＊　＊

その“美”を支えているものは“理”でした。
“理”とは極大から極小まで
自然に働いている法則＝ルールのことです。
“理”に適ったものは“美”しく、
真に“美”しいものは“理”に適っている。
これらの価値基準は、
広く生活全般から文化、思考に至るまで、
深く浸透し、機能していました。

Supporting that “beauty” were “principles.” “Principles” are the laws, or rules, that work in nature from the grandiose to the miniscule. All things that conform to “principles” are “beautiful,” and all things truly “beautiful” conform to “principles.” These values expanded broadly from daily life to influence the culture and modes of thought.

すなわち、日本古伝の作法・様式等は、
すべて“理”＝“美”の体得のために生み出され、
育まれてきた、優れたWORK SYSTEMだったのです。

That is to say, the Japanese systems of etiquette and style passed down from days of yore were all excellent Work Systems created and cultivated for the realization of the formula of “principles” equal “beauty”.

＊　＊　＊

そして、物理・心理・道理・真理など、
目に見える理から見えない理まで、
その法則性を身心でキャッチするための
最上級のWORK SYSTEMとして編み出された方法が
修行法としての“道”です。

Ascetic practices in the form of “ways,” known as “Do” in Japanese, are the methods which were designed as superlative Work Systems to facilitate the mental and physical absorption of the essence of the natural laws ranging from visible principles to principles unseen by the human eye, including concepts such as physics, psychology, logic, and truth.

武道・書道・茶道・華道……。
いずれも“理”＝“美”を体得するのに
非常に優れたWORK SYSTEMです。

The martial way of budo, the calligraphic way of shodo, the tea ceremony way of sado, the flower arrangement way of kado... These are all extremely outstanding Work Systems for the realization of the equation that “principles” equal “beauty.”

* * *

そこから生まれた思考性は
礼節・謙虚・公義・潔・恥等の概念を
生み出しました。

The Realization born from this took the form of concepts such as manners, humility, sense of public duty, purity, and shame.

* * *

現代、日本においても、
“理”の追求そのものを目的とした
“武道・空手”の普及は、ほとんど成されておらず、
また、“理”“美”“道”からくる
古の価値基準も失われてしまいました。

Today, “budo karate,” with the purpose of exploring itself this realm of “principles,” is not popularly practiced even in Japan. Old values born from “principles,” “beauty,” and “ways” have been lost.

“理”の体得は、
国家・人種・民族・宗教・思想の違いを超えて、
人類に有益で豊かな身心をもたらすことと
確信しております。

I firmly believe that the realization of “principles” transcends national, racial, ethnic, religious, and conceptual differences, and leads to a ample mind and body which will be beneficial to all of humankind.

＊　＊　＊

私たち空手道豊空会は、
“理”“美”を探求するSYSTEM＝“道”としての
武道・空手を広く内外に普及させたいという
夢を持って活動しています。

We at Karate Houkukai act in harmony with a dream of spreading Budo Karate both at home and abroad as a system that seeks out “principles” and “beauty,” a system which equals the “Do” or “way.”

空手道豊空会
田部井 淳

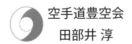

おわりに

私は武道家としても、一人の人間としても本当に未熟ですし、欠点だらけの存在です。〝格闘〟で強いということであれば、私などより強い方々はそれこそ数えきれないほどおられます。

華々しいキャリアもありません。

〝修行〟ということであれば、修行僧の方々をはじめとして日々厳しい修行を積まれている方々には顔向けできない程度です。

そんな私に唯一誇れることがあるとしたら、ただひたすら武道・空手を愛し、四十余年一途に取り組んできたということのみです。

その中で武道・空手は、肉体的にも精神的にも弱く自信のない、そして秀でたものも何もなかった私に、言葉では表せないほどのたくさんの宝を与え続けてくれました。

感動、充実、経験、弟子、友人、仲間、家族、役割、仕事。

今の私の大切なものはすべて武道・空手から頂いたものです。

私は自分のことを元来〝好戦的〟な人間ではないと思っています。

年齢を重ね、その思いはますます強くなっています。特に残酷なことへの嫌悪感は年々大きくなってきています。

〝強く〟なりたいとは強烈に思いましたが、その強さも今思えば、人を倒したり、人と争ったりする中での強さではなかったような気がします。

ならばいっそ、他の〝修行〟を選べば良かったとも思いましたが、〝運命〟というものがあるのかどうかわかりませんが、何故か私は武道・空手に出会い、そしてその奥深さのすべてに魅了されてしまいました。

具体としては〝戦う〟という身心と技を究めていく〝道〟に身を置きながら、戦うということに意義を見出すことが困難になり、武道家として抱えた矛盾に苦しんだ日々もありました。

しかし、武道とは〝戈〟を〝止〟める〝道〟という文字の原点と、「空手に先手なし」という先人の言葉に救いを頂き、現在、この本で綴らせて頂いたような武道・空手観に至りました。

武道・空手が内包している人間開発に対する有益性は、計り知れないものがあります。

そんな武道・空手に少しでも役に立ちたい、私でも何か役に立てることがあるはずだ、という思いから、1995年に空手道豊空会という団体を発足しました。

以来、二十余年、自らの身心を実験のフィールドとして様々なものを吸収しつつ、武道・空手をさらなる進化・深化・新化、真化したシステム〝道〟にし、提案、普及していくことを目標に活動しています。

そんな中、今般「本を書いてみないか」というお話を頂き、恐縮至極な思いでいっぱいではありましたが、これまで四十余年の私の武道・空手に対する〝愛〟を皆さんにお伝えできる機会を与えて頂いたと思い、万が一にも武道・空手普及のほんの一助になるようなことがあればという淡い期待をこめて、一所懸命に綴らせて頂きました。

私は、武道、ひいては〝道〟という日本が生み出した素晴らしい文化を、その目的や方法を損なうことなく、より多くの方々が取り組んでくださることを日々切に願っています。

神道・書道・茶道・華道、そして武道。

〝道〟は、日本という国と日本人に、希望と誇りを与える力があるということを確信しております。

もっともっと皆さんにいそしんで頂き、その素晴らしい効果を実感して頂きたいと心より願っています。

是非お近くの〝道〟場へ！

武道・空手がいつの日か真に〝戈〟を〝止〟める〝道〟になることを祈って。

「道」やりませんか!?

追　記

武道・空手を愛し、一途にこの〝道〟を歩んでまいりました。その過程で様々な先達の方々のご指導、ご影響を頂きました。

そのお蔭で現在の私があります。この本は、それらを集大成させたものと言えます。

この場をお借り致しまして深く御礼申し上げます。

そして、出版に際しましては、文芸社出版企画部の横山様、編集部の伊藤様に大変お世話になりました。

心より深謝申し上げます。

２０１６年８月吉日　　田部井 淳

著者プロフィール

田部井 淳（ためがい じゅん）

1963年愛知県に生まれる。

10歳で空手を始める。

和道会、極真会館を経て、理想の武道を求めて様々な先達に教えを乞い修練を積む。

1995年、31歳の時に空手道豊空会を発足。以降スポーツでもなく格闘技でもない“道”としての武道・空手の探究と確立、普及に日々努めている。

武道・空手を表現する方法として“カラテSUPERライヴ”という独自のスタイルのイベントも創作。2000年から毎年地元愛知県にて開催している。

2008年4月、フィンランド日本文化友の会主催の日本フェスティバルに招聘されデモンストレーションを行う。同年6月には“カラテSUPERライヴ IN FINLAND”を開催して大好評を博した。

本文イラスト／中神 杏

「道」やりませんか!?

2016年10月15日　初版第1刷発行
2018年9月10日　初版第8刷発行

著　者　田部井 淳
発行者　瓜谷 綱延
発行所　株式会社文芸社
〒160-0022　東京都新宿区新宿1－10－1
電話　03-5369-3060（代表）
03-5369-2299（販売）

印刷所　株式会社フクイン

ISBN978-4-286-17653-6